ノンコンタクトタイムの導入に先駆けて

福澤惇也／山本房子／請川滋大［編著］
足利由希子／近藤修功／［著］

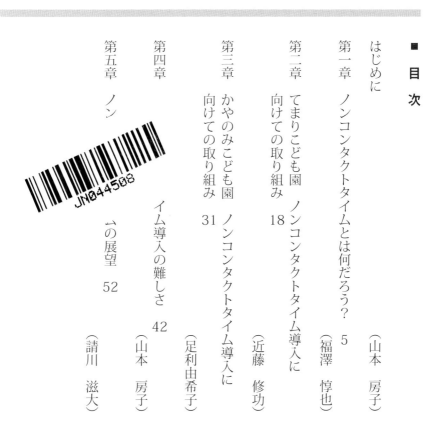

■目次

ななみブックレット　No. 16

はじめに

卒業式を数日後にひかえたある日の降園後、保育室の掃除をしている私のもとに年長組のしょうちゃんがやってきました。そばにはお母さんもいます。

「山本先生、いっぱいドッジボールしてくれてありがとう」

しょうちゃんは、ここ数日ドッジボール勝負を私に挑んできていました。私が「またドッジボールしようね」と言いかけたとき、しょうちゃんは言いました。

「さよならしたあともいっぱいお仕事してくれてありがとう」

しょうちゃんからの言葉は、当時年長組担任・主任としてはりつめていた私の心を温かく包んでくれました。当時と同じくらい、今でもこの言葉は私を後押ししてくれています。

しょうちゃんは、身体を動かすことが大好きで、好きなことには夢中になって取り組める幼児でした。一方で、周りの様子に敏感になりすぎて、時に自分の思いを素直に伝えることを遠慮してしまう面もありました。どちらの姿もしょうちゃんらしさです。

先ほどのしょうちゃんからの言葉を受けて、私はしょうちゃんに尋ねてみました。

「ありがとう、しょうちゃん。さよならしたあとのこともよく知っているのね」

さて、しょうちゃんは何と答えたでしょうか。それはのちほど。

幼稚園教諭として二十年あまり、幼児と遊んだり話したりご飯を食べたり、笑ったり怒ったり泣いたり……毎日時間があっという間にすぎました。私は、幼稚園教諭として夢中で必死で走り続けていました。

では、私は何に夢中になっていたのでしょうか。毎日の生活を積み重ねる中で見えてくる、感じる幼児の小さな変化に夢中になっていました。生活や遊びを通して、目の前の幼児一人ひとりの姿を認めながら、かつ、幼児の育ちを支えていくことへのやりがいを感じていました。

一方で、何に必死になっていたのでしょうか。幼稚園教諭や保育士等、保育に携わる保育者として求められる役割や社会の期待は年々増大しています。業務量の増加と業務内容の複雑化は底なし沼のようです。私は、目の前の業務をこなすことに必死でした。

夢中で必死になって……時に、休憩をとることも忘れ、勤務時間が過ぎても話し合いを続け、帰宅後も寝る間を惜しんで明日の保育の用意をし、ひとたび何か起こった際にはその家庭のことを常に考えている。当時の私は、心も身体も時間も保育に捧げていました。今この瞬間も当時の私と同じように、夢中でそして必死に頑張っている保育者が多数いることでしょう。

でも、この姿や働き方では、質の高い保育にはつながりません。保育という営みは、子どもの「今」と「未来」をつくる営みです。それなのに、保育者が、「今」という目の前の業務をこなすことに必死で、ふとした瞬間に仕事を続けられるのかと「未来」を心配している。それでは疲弊してしまいます。結果、離職という結末に向かっていると、現場を少し離れた今ならわかります。

一人でも多くの先生に、子どもの今と未来とともに、あなた自身の今と未来も大切にしてほしい、そして、魅力あふれた保育という仕事を長く続けてほしい。私の願いです。

この願いをかなえる一つのヒントがノンコンタクトタイム（＝ＮＣＴ）です。私とＮＣＴとの出会いは、著者のお一人請川先生の書籍でした。また、今回取り組みを紹介させていただく２つの園（てまりこども園、かやのみこども園）の園長先生たちの思いからも、ＮＣＴの導入や活用を考えることが、保育者の働きやすい環境や質の高い保育へのきっかけとなることでしょう。

しょうちゃんの話に戻ります。

私から「さよならしたあとのこと」を聞かれたしょうちゃんが何と答えたか。

「そんなのわかるよ。ママも知っているよ」

しょうちゃんとお母さんは、「さよならしたあとのこと」について何をわかってくれていたのでしょう。詳細はわかりません。ただ、言えることは、しょうちゃんとお母さんは、保育という仕事は目の前の子どもとかかわること(しょうちゃんから見たら、僕たちと遊ぶこと)だけでなく、それ以外にも大切な仕事があるということを理解し、感謝をしてくれていたということです。今でもこのやりとりを思うだけで心が温かくなります。質の高い保育には計画、準備、振り返り等が必要、それらを行う時間は当然確保されなければならない。「そんなのわかるでしょ、山本先生」しょうちゃん親子に背中を押してもらえた気がします。

ＮＣＴの検討、導入、充実に向けての取り組みは始まったばかりです。このブックレットによって一人でも多くの保育者がＮＣＴを意識し、園での導入の後押しとなれば幸いです。

第一章　ノンコンタクトタイムとは何だろう？

●まずは「保育」という仕事を捉え直そう

本書を手に取っていただいた皆さんは、保育者もしくは保育や子どもに関心があると思います。そのため、これを読む「あなた」は普段から保育の世界に目を向けているかもしれません。本書を読み進めていただき、より深く理解していただくためにも、次の質問に対する回答を頭の中で具体的にイメージしてみてください。

「保育」という仕事に対して、どのような印象を抱いていますか？

近年では、保育者の働き方改革が各種メディアで取り沙汰されています。例えば、保育者の処遇に関する問題、勤務時間が長すぎてブラックだという主張、子どもを守る責任に見合わない社会的地位、人間関係の良し悪し、人手不足、雑務の多さ。こうしたネガティブな印象を抱く方がいるかもしれません。一方では、日々子どもの成長を感じる充実感、高度な専門性を発揮できるやりがい、人を育てるという高尚さ、人の輪をつなぐ温かさ、学びの尽きない奥深さ。こうした前向きでポジティブな印象を抱く方もいるでしょう。

保育とは、「教育」と「養護」という二つの意味を含みます。特に、教育は社会の変化に伴って内容を刻一刻と変化させるものです。そのため、保育者は社会の変化を俊敏にキャッチして、子どもにどのような保育内容が必要なのかを考えます。さらに一歩踏み込むならば、目の前にいる乳幼児期の子どもたちが社会に出る年齢になった時を見越して、未来を捉えようとすることも保育者の仕事だといえるかもしれません。

保育という仕事に対して抱く印象が人によって様々あることは、メディアのコメンテーターやSNS（ソーシャル・ネットワーキング・サービス）の書き込みを見ていると良く分かります。きっと、保育とはそれほどに難解で底が見えない、「正解のない未知の領域」なのです。だからこそ、今も世界中により良い保育のあり方を模索する現場の実践者や研究者、ソーシャルワーカーやサービスを考える企業の人々がいるのです。そして、より良い保育のヒントのひとつが、本書でお話するノンコンタクトタイムなのです。

●ノンコンタクトタイムが注目されるようになった背景

さて、本書はノンコンタクトタイム（＝NCT）の導入に先駆けて、その将来性や可能性を説くことを目的にしています。そのため、NCTをご存知ない方にも概要を知っていただき、その上で保育にとってNCTがいかに有用なものであるかを考えていただくきっかけになればと考えています。まずは、NCTが保育業界で注目されるようになった背景を確認しましょう。その後、保育におけるNCTのあり方を詳しく見ていきたいと思います。

ざっくりとした言い方ですが、NCTとは「保育者が勤務時間内に子どもと直接触れ合わない時間」のことを指します（全国私立保育園連盟、２０１９）。現在、国の政策として保育の「量」から「質」へと議論が移りだしています（大豆生田、２０２１）。その背景には深刻な少子化もありますが、保育の質がその後の子どもの発達だけでなく、将来的な国の経済を後押しする効果があるという研究結果に基づいています（ヘックマン、２０１５）。

保育の質が語られる際には、必然的に保育内容に触れて、その見直しを図ります。具体的には、職員会議等で保育者が自園の保育の質に目を向け、園内研修で保育内容について話し合うことをします。しかし、保育者の実情は多忙であり、勤務時間内に十分な会議や研修の時間を確保することは困難であることも珍しくはありません。こうした実情を受けて、２０１７年に経済産業省で開催された「保育現場のＩＣＴ化・自治体手続等標準化検討会」では保育者のＮＣＴについて議論されています。また、厚生労働省が２０２１年に公開した「保育分野の業務負担軽減・業務の再構築のためのガイドライン」では、ＮＣＴの確保によって保育者の働き方を見直し、保育者が事務作業や会議・研修に集中できる時間の確保を目指すことが提言されています。つまりは、ＮＣＴを確保して活用することによって、保育の質を高めようということです。

こうした社会背景から、現在はＮＣＴの導入と実現に向けて様々な保育現場が関心を示しています（全国私立保育園連盟、２０１９）。しかし、ＮＣＴの導入には「保育者数の確保」「シフトの見直し」「クラス編成の見直し」「会議・研修内容の検討」「ＮＣＴを充実させる場所の確保」など検討すべき課題が山積みであり、実現できない保育現場は珍しくありません。また、依然としてＮＣＴを導入する手引きとなる実践事例や報告が非常に少ないことも実現を困難にしている原因であると考えられます。そこで、本書で紹介する二つの園（てまりこども園・かやのみこども園）の取り組みや、ＮＣＴに対する専門的な知見からの検討が、少しでも日本の保育においてＮＣＴが導入されることの助けとなれば嬉しく思います。

● 保育場面におけるノンコンタクトタイムって何だろう？

それでは、ここからは具体的に保育場面におけるＮＣＴのあり方を見ていきたいと思います。先述の通り、ＮＣＴとは「保育者が勤務時間内に子どもから離れて直接関わらない時間」を指します。もしかすると、世間的には子どもの面倒を見ることや直接コミュニケーションをとることが保育者の仕事だと認識されているかもしれません。しかし、保育者の役割はあくまで目の前の子どもがより良く成長するための援助を行うことです。その援助の中には、もちろん会話や触れ合いといった子どもとの直接的な関わりが含まれます。ですが、それだけではなく子どもと直接関わらないことで達成されるようなことも保育者の役割であり職務内容になります。左の枠内には保育者に求められる役割や職務を列記しています。その中には、子どもと「直接関わる」もの、「直接関わらない」ものがあります。

【保育者の役割および職務内容】

・子どもとの直接的な関わりによるアセスメント　……　直接関わる

・今後の保育計画の立案　……………………………　直接関わらない

・保育の記録や日誌の作成…………直接関わらない
・おたより等の書類作成…………直接関わらない
・教材の準備…………直接関わらない
・会議や打合せ…………直接関わらない
・保護者対応…………直接関わらない
・研修への参加…………直接関わらない
・環境の整備…………直接関わらない
・遊具や玩具などの衛生管理…………直接関わらない

いかがでしょうか。保育者の役割や職務の中で、いかに子どもと直接関わらないことで達成されるものが多いかを再確認していただけたでしょうか。そして、子どもの成長を支える上で、子どもと直接関わらない職務の数々がいかに重要かを考えていただけたらと思います。もし、園に子どもが登園してきてから降園するまでの間、ただ子どもがケガをしないように見守っているだけだったとしたら、それは教育と呼べるでしょうか。また、保育者のあるべき姿でしょうか。保育とは、子どものより良い成長を願い、そのための援助を行う営みです。そのためには、入念に考えられた保育計画が必要であり、保育によって垣間見えた子どもの姿を丁寧に記録し、振り返ることが大切になります。それらはすべて子どもと直接関わらない時間にこそ可能なものといえます。例えば、今後の保育計画を立てる際、子どもと遊びながらでは必要なメモも取れませんし集中して考えに没頭することも難しいと思います。いわゆる、「ながら保育（〇〇しながら、△△をするという並行作業のこと）」では、保育の質を保障することも高めることもままならないのです。だからこそ、ＮＣＴの活用が求められるのですが、保育者の一日の流れを見ると、どうやらＮＣＴの確保そのものが難しいことに気づきます。

●保育者の一日の流れとノンコンタクトタイム

保育者の一日の流れを考えると、日中は基本的に子どもと一緒に過ごしますので、結局は子どもと直接関わる職務（アセスメント等）に費やす時間が多くなります。しかし、これこそが保育者の働き方における大きな課題なのです。保育者の職務には、子どもと直接関わらないことで達成されるものが山ほどあるにも関わらず、実際には一日の時間のほとんどを子どもと一緒に過ごす保育者がどれだけ多いことか。そうであれば、一体いつ子どもと関わらないことで達成される職務を遂行すればよいのか。ＮＣＴを活用しようと言いながら、それがどれだけ困難なことか。より理解を深めるために、左に一般的な保育者の一日の流れを示してみました。

出勤して間もなく子どもが登園してきます。そこから午後になって子どもが降園するまでは担任業務がありますので基本的には子どもと一緒に過ごしていると思います。さらに、その後も預かり保育があります。シフトによるとは思いますが、預かり保育の担当になっていれば退勤時間の間際まで子どもと一緒に過ごすこともあります。もし預かり保育の担当ではなかったとしても、「①担任業務」にあるような職務を行える時間は2時間程度でしょう。その2時間も、実際には

保育者の一日の流れ

8:00 ………出勤、朝礼

8:10 ………子どもが登園

↓ 担任業務
（子どもと関わる）

14:30………子どもが降園

14:35………預かり保育開始

①担任業務
・保育計画の立案
・記録や日誌の作成
・おたより等の作成
・教材準備
・会議や打合せ
・保護者対応
・研修への参加
・環境の整備
・衛生管理

②預かり保育の担当
・子どもとの関わり
・午睡時の見守り
・おやつの提供

17:00………退勤時間

まとまった時間として確保できるわけではありません。他の保育者との連携、保護者や来客対応など、様々な事柄に時間を取られてしまいますので、集中して自分の職務に向かえる時間はほとんどないと思います。

　こうした状況を打開するためには、意識的に園全体でＮＣＴの確保に取り組むことが必要になります。おそらく、一人の保育者が自力でＮＣＴを捻出し、時間を有効活用しようとしても無理があります。例えば、時間の捻出そのものは、他の保育者との連携等に呼ばれてしまえば実現しません。また、仮に自分だけがＮＣＴを確保できたとしても、書類関係の職務は行えるでしょうが、他の保育者と協働する必要のある職務（会議、打合せ、園内研修など）はできません。したがって、保育の質の向上を目指すのであれば、やはり園全体でＮＣＴを導入できるよう取り組み、その時間の使い方についても試行錯誤する必要があるといえます。そこで、次節からはＮＣＴを導入するための方法について確認していきたいと思います。

●ノンコンタクトタイムを導入するには？

①シフトの見直しをしよう

まず、ＮＣＴというからには、保育者が子どもから離れる時間を確保する必要があります。そのためには、シフトの見直しは欠かせないところです。保育者を含めた職員一人ひとりの勤務時間を再確認し、各々が抱える業務内容に無理がないかをチェックします。これによって、「いつであれば子どもと関わらない時間を確保できるのか」、「何分ほど確保できるのか」、「自身の仕事量とＮＣＴ確保の時間的なバランスは適切か」などを調整し、ＮＣＴを柔軟に取り入れやすくなります。一方で、職員の負担感を把握しないまま強引にＮＣＴを導入しよう（例：本日から勤務時間内に必ず30分間のＮＣＴを確保してください等）とすれば、それは反って職員の負担を増やすことに繋がります。一日における仕事の負担は、同じ人であっても日によって異なります。また、A先生とB先生といった人によっても当然異なります。そのため、一人ひとりのシフトを一日単位で確認し、見通しをもって可能な範囲で細かくシフトの調整を行うことが重要です。強引なＮＣＴの導入は、反ってＮＣＴの機能を滞らせることに繋がるため注意が必要です。

②　職員一人ひとりの仕事量を見直そう

保育現場には様々な立場の人がいます。例えば、保育者といっても担任業務を行う者やフリーで複数のクラスをサポートする役割の者がいます。常勤とパートでも働き方は異なりますし、主任の先生は役職としての業務も発生します。また、保育者以外にも調理師や栄養士、看護師や事務員など様々です。ＮＣＴを無理なく導入しようとするならば、こうした様々な立場の職員がどのような仕事を請け負っているのかを確認することが大切です。保育者全員が同時刻にＮＣＴに入れば、その間子どもを見る人がいなくなります。つまり、誰かがＮＣＴを取っている時間は、別の誰かが子どもの対応を行う必要があるのです。そして、立場によって請け負える仕事には範囲がありますので、保育者がいない時間を保育者以外の立場の者が埋めるというのは事故に繋がりますし、そもそも不可能だといえます。

また、保育者同士であっても全員が同じ経験値や能力を備えているわけではありません。そのため一律でＮＣＴの時間を統一すると苦しくなる人がいることも念頭において調整を行うとよいでしょう。その際、ＮＣＴを導入することによって発生する仕事があることを忘れないことも重要です。例えば、主幹や主任の先生であればＮＣＴ中に教育指導を行うことや会議を取り仕切る機会が多いかもしれません。そのため、現状だけでなくＮＣＴを導入した後のことも想定しておくと円滑に進みます。

③ NCT導入後には振り返りを行おう

NCTを導入後は、適宜振り返る機会を設けることが大切です。NCTの導入によって充実した点だけでなく、反対に負担が大きくなった部分を確認することは、長期的にNCTを確保していく上で必要不可欠です。また、職員の勤務状況や環境の変化によってもNCTを見直すとよいでしょう。

【ノンコンタクトタイムを導入するポイント】

①シフトを見直そう
・いつであれば子どもと関わらない時間を確保できるのか
・何分ほど確保ができるのか（現実的か）
・自身の仕事量とNCT確保の時間的なバランスは適切か

②職員一人ひとりの仕事量を見直そう
・様々な立場の職員がどのような仕事を請け負っているのかを確認する
・保育者同士であっても全員が同じ経験値や能力を備えているわけではない
・NCTを導入することによって発生する仕事があることをふまえておく

③NCT導入後には省察（ふり返り）を行おう
・NCTの導入後は、適宜ふり返る機会を設ける
・充実した点だけでなく負担が大きくなった部分を確認する
・職員の勤務状況や環境の変化によってもNCTのあり方を見直す

●ノンコンタクトタイムの活用法に目を向けよう

ＮＣＴは、一見すると保育の質を保障して向上に繋げる万能薬のように思えるかもしれません。加えて、保育者の業務負担軽減など働き方改革も期待できることから、早急な導入を目指したくなる気持ちが湧いてきます。しかし、実際は単純にＮＣＴを導入したところで、その効果は十分に発揮されません。次の例文をご確認ください。

【Ｋこども園のノンコンタクトタイム導入例】

Ｋこども園では、従来よりも質の高い保育を目指し、さらには職員の業務負担を見直して働きやすい環境を構築するためにＮＣＴを導入しました。その際、十分に職員の抱える仕事の量や内容を把握し、一人ひとりにとって無理のないように配慮しました。その結果、Ｋこども園では円滑な導入を実現することができ、園長先生も職員一同も大満足しています。

しかし、ＮＣＴ導入後しばらく経ったある日の省察で、複数名の保育者から衝撃的な指摘が発せられました。それは、「ＮＣＴの間に何をすれば良いかが分からない」、「ＮＣＴを休憩と勘違いして保育者間で談笑している様子が散見される」というものでした。また、ＮＣＴの導入によって保育の質は向上したかという議題では、「以前と変わらない」、「向上したとは思えない」という回答まで飛び出しました。

この結果を受けて、Ｋこども園の園長先生や職員一同は「どうすれば良いのだろう」と頭を抱えてしまいました。

さて、Kこども園は何が不十分だったのでしょうか。NCTの導入自体は非常に円滑に達成できていましたし、職員一人ひとりに目を向けた無理のない体制を構築できていたと思います。それにもかかわらず、NCTは本来の機能を発揮できませんでした。

Kこども園に足りなかったことは、NCTの中身に目を向けて、有意義な時間の使い方を考えるには及ばなかった点です。「NCTを導入した」と言えば聞こえは良いのですが、NCT自体は単なる時間の枠に過ぎません。そのため、その時間をどのように使うのかが話し合われて初めて、意味を成すことができるのです。厚生労働省は、令和3年に公開した「保育分野の業務負担軽減・業務の再構築のためのガイドライン」の中で、「ノンコンタクトタイムは休憩ではなく、子どもから離れて、事務作業などに集中できる時間です。メリハリのある働き方が可能になり保育にも集中できますので、短い時間からでも導入の検討をしてみましょう」と述べています。ここで言うメリハリの内容を考えることが大切なのです。時には、NCTを活用してリフレッシュすることも必要ではありますが、基本的には「ノンコンタクトタイムで行うと効果的な業務」に挙げるような活動に充てると効果的です。

本章では、NCTの説明と必要性に焦点を当てて話をしてきました。NCTは、保育の質を保障して向上に繋げる足掛かりであり、保育者の働き方改革も目指せる可能性のあるものであること。NCTの導入には、職員各人に対するアセスメントと配慮が必要不可欠であること。そして、NCTの中身を十分に考えて有意義な時間にすること。以上を心に留めながら、本書を読んだ皆さんがNCTによってより良い保育を実現されることを願ってやみません。

ノンコンタクトタイムで行うと効果的な業務

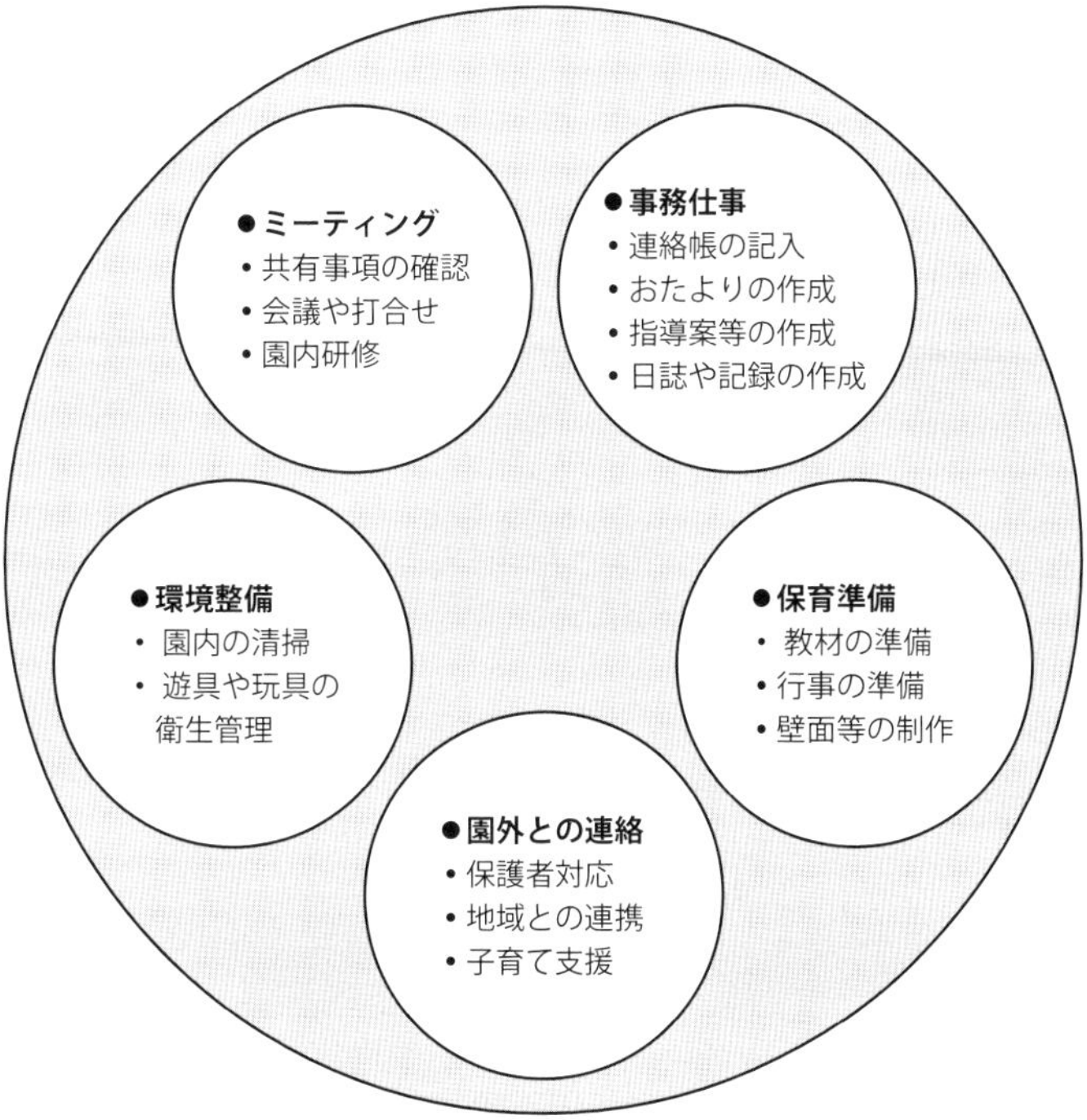

〈引用文献〉

①大豆生田啓友（２０２１）「わが国の『保育の質』向上の検討について」玉川大学教育学研究科コラム　https://www.tamagawa.jp/graduate/educate/column/detail_18820.html
②厚生労働省（２０２１）「保育分野の業務負担軽減・業務の再構築のためのガイドライン」
③ジェームズ・J・ヘックマン（２０１５）「幼児教育の経済学」東洋経済新報社
④全国私立保育園連盟調査部（２０１９）「ノンコンタクトタイム調査報告書」保育通信２０１９年３月号

第二章　てまりこども園　ノンコンタクトタイム導入に向けての取り組み

本園は1980年4月にてまり保育園として設立され、2017年4月に幼保連携型認定こども園として移行しました。その後、地域の方々のご支持をいただきながら運営を継続しております。園長である私はいわゆるバブル期に地元滋賀の教育学部を卒業し、その後民間企業での勤務を経験し、2017年7月より義伯父が理事長として経営する本園に着任しました。事務長職を経て、2018年4月より園長に就任し、現在も様々な改革を実践しようとしております。本園の取り組みは「改革」といえば聞こえはいいですが、まだまだ試行錯誤段階のものでもあり、決して胸を張ってご紹介できる結果には至っていないのも事実です。しかしながら、これからノンコンタクトタイム（＝NCT）を導入しようと前向きに検討されている方々の一助になればと思い、本園が取り組んでいる実践の内容や背景について、お話しできればと思っています。

●地域の発展とともに

てまりこども園のある広島県福山市は古くは備後藩の城下町として発展してきた街です。400年の歴史を有する福山城の守り神である三蔵稲荷神社の宮司がてまりこども園の理事長であり、創設者です。

1965年（昭和40年）、日本鋼管（現JFEスチール）福山製鉄所発足以降、重工業都市として急速に発展する福山市において、製鉄所に関わる人々のベッドタウン化にともなう保育の需要の高まりにこたえたかたちで設立されたのが本園になります。

●異色の経歴について

私は大学時代に世界五大陸を旅し、教員採用試験は受験せず、大手電子部品電気機器メーカーの海外営業部に所属していました。その後、地元滋賀のスーパーに転職し、衣料品のバイヤーや地域の責任者を経て、中国の百貨店に出向。中国では、尖閣諸島の国有化に端を発する暴動略奪被害に遭遇後、店舗を再建し帰国（一見すると保育とは関係のないこれらの経験が、後の保育者の働き方に対する意識に大きく関係しています）。帰国後、義伯父である理事長の緊急手術をきっかけとして、てまりこども園の経営に関わることとなり、現在に至っています。

広島県内では唯一関西弁と中国語を話すことができる民間企業出身の園長です。教育学部にて学び、社会福祉主事資格や教員免許を有しているものの、保育についてはまったくの素人である私がこども園の経営を引き継ぐにあたり、当初は不安でいっぱいでした。

しかし、メーカーや小売業で仕事をし、さらには海外でも生活してきた経験は決してマイナスとはならず、何よりも人生における「考え方」、「哲学」について学び続けてきたことが大きな原動力となり、度重なる困難においても課題を克服しながら現在に至っています。

・保育の素人だからこそ感じた保育者の働き方に対する違和感

先に述べた通り、私はてまりこども園の園長に着任するまで保育現場とは無縁の生活をおくってきました。だからこそ、保育現場や保育者の働き方が非常に特殊であると感じます。詳しくは次節でお話ししますが、「仕事」と呼ぶにはあまりにも献身的な保育者の姿勢に良くも悪くも驚いたものです。子どもや保護者に対する保育者の献身性は、保育職において欠かせない資質なのかもしれません。しかし、自分よりも子どもや保護者を常に優先する職員たちの姿勢に畏怖の念を覚えたこともあります。

● 一日中こどもと向き合うのが「保育」なのか？

保育者が勤務時間内に子どもから離れ、保育記録や教材の作成、話し合いなどをする時間があってこそ、保育者の健全な精神は保たれ、保育の質はより高まると考えます。子どもが降園してから残業して（しかも残業代はでない）記録を作成したり、教材を作成している保育者が笑顔になれるでしょうか。ましてや、仕事を家に持って帰っている保育者が子どもたちを前にして笑えますか。勤務時間内にそれらの時間を確保して、残業せずに帰宅するのが当たり前です。それが徹底できている園は意外に少ないのかもしれません。

てまりこども園では毎日16時45分~17時まで簡単な終礼を職員室で実施します。終礼後は定時の17時15分に仕事を終了し、帰路につくのが当たり前です。しかし実際のところは18時くらいになってしまっていますからまだまだ課題は残っています。園長は当然のごとく17時15分が過ぎれば「ほな帰ります！」って声をかけて職員室を後にします。園によっては毎週金曜日17時半~早くて20時までが職員会議。しかも残業手当は1時間分だけ支給される。そんな園が今もあるとききます。

本園は毎日の終礼の積み重ねが職員会議みたいなものです。それで十分だと考えています。

一日の保育の中にノンコンタクトタイム（子どもに接しない時間帯）をつくれ

一般的な会社ではいわゆる「昼食休憩」と「おやつ休憩」のようなものがあります。労働基準法では一日の労働時間が8時間以下の場合は少なくとも45分、8時間を超える場合は一時間の休憩時間を与えなければならないことになっています。これが当たり前。

しかし、保育の業界ではお昼ごはんは一般的に子どもたちと一緒に食べます。保育をしながらの休憩ということでしょうか。そして昼食後、子どもたちがお昼寝をしている間に休憩となります。しかし、子どもたちが寝てからも、子どもが寝ている側で体調を崩している子がいないか安全に気を配りながら、記録やお帳面の確認等を追い立てられるようにしています。薄暗い部屋で子どもを寝かしつけながら休憩、しながら仕事。これが保育の世界の当たり前の光景なのでしょうか。はたして、こうした状況の中で質の高い保育を実現することができるのでしょうか。ノンコンタクトタイムに重要なことは、保育者が目の前の仕事に集中できる環境を整えることだと思っています。保育者の働き方を見ていると、「○○しながら」別の作業も同時並行で行っている様子が当たり前になっているように思います。私は、園長を初めとした保育者の意識の改革と、実際の働き方の改革の両方が、ＮＣＴの導入には欠かせないと思うのです。

●ノンコンタクトタイムを充実させる園内の環境

一般的に民間の大企業には社員食堂や休憩室が整備されています。食事の後にテレビをみながら、あるいはお茶や珈琲を飲みながら会話をしたり、くつろぐことのできるスペースが確保されています。しかし、てまりこども園にはそのようなスペースがそもそもありませんでした。子どもが寝ている間にたとえ10分でも15分でも職員にゆっくりしてもらえる場所がつくれないだろうかと考えたのが応接室の活用です。本園には、もともと応接室があったのですが、ほとんど活用されていませんでした。そのため、応接室を思い切って職員の休憩スペースにしてみようと行動を起こしたのです。子どもから離れてゆっくり休んでほしいという私の願いは、今思えばＮＣＴを充実させるための土台作りとなっていたように思います。

・休憩スペースの確保から始まったノンコンタクトタイム

私がＮＣＴという考え方を知る前、「子どもと離れる時間が大切」という発想はありましたが、それは適切に休憩してほしいということと同義でした。しかし、近年の保育の課題として質の向上が各地で主張されるようになり、園長の私も当然のように自園の保育の質について考えるようになりました。保育の質を意識しながら職員の働き方を眺めていた時、あることに気付きました。それは、「職員はいつ事務作業をしているのだろうか？」というものでした。正確には、「いつ記録や計画を考えるために集中して頭を使っているのか？」ということです。勤務時間のほとんどを子どもと過ごしていた職員たちには一人の時間がほぼありませんでした。

私自身、着任当初は子どもと一緒にいることが保育者の仕事であり、役割であると理解していました。そのため、職員が常に子どもと一緒にいることに対して違和感はありませんでした。しかしながら、保育の質の向上を目指すにあたって、保育計画や記録の作成を初めとした事務作業の充実が求められる観点から振り返ると、「常に子どもと一緒にいる」という働き方には根本的な矛盾が生じるのではないかという気がしたのです。

● 事務作業＝準備と捉える

私は保育とは無縁のキャリアをおくってきました。一般的な話ですが、大概の仕事には「準備」と「本番」があります。準備とは、資料の作成や打合せ、備品の用意や手配などがあります。その上で、本番を意識したリハーサルを行うことも準備に入ると思います。一方で、本番とは準備してきた成果を発揮する場だといえます。そのため、準備と本番を割合で考えた時、準備が８割、本番が２割程度といっても過言ではないほど、準備の大切さを感じています。これは、おそらくどの職種にも共通して言えることだと思います。準備を怠った先に、本番の成功はありません。用意周到なことが何事においても大切なのです。

このように考えた時、常に子どもと一緒にいるという保育者の働き方にはやはり違和感を覚えます。保育者にとって、本番とは子どもと対峙する場面であると考えます。子どもと直接関わる中で子どもに指導や援助を行っていく時間こそが、保育者にとっての本番ではないでしょうか。そうであれば、保育者にとって本番を成功に導くための準備とは、まさに事務作業のことであると思います。例えば、保育を盤石にするための綿密な保育計画や、子どもの近況を把握するための記録の作成、子どもの姿を把握して高度な保育を行うための会議や研修、保育を円滑に進めるための教材研究など、すべきことは山ほどあります。こうした事務作業こそが、保育者にとっての準備であり、質の高い保育を目指すために欠かせない重要なことだと考えます。

● 準備の時間を確保しよう

さて、保育者にとっては事務作業が準備であると述べてきましたが、問題の本質は準備を十分に行うだけの時間が保育者に確保されていないことだと思います。近年、保育職を含めた教職全般が多忙を極める職種であるとメディアに流れています。保育者は、忙しいのです。しかし、忙しいという一言で片付けてはいけません。一体どのような業務に追われて忙しいのかを明確に把握する必要があります。例えば、てまりこども園においては保育者が子どもと一緒にいる時間が長尺になっており、それが保育者の業務の大半を占めることで相対的に多忙化させている実態がありました。そのため、保育者が準備に時間を割くためには、子どもと一緒にいる時間を縮小する必要があったのです。そもそも、私は職員の休憩時間の確保に目を向けていましたので、子どもと一緒にいる時間を捉え直してＮＣＴの確保を試みることには敷居を感じずに着手できました。もとは休憩時間の確保から始まった本園のＮＣＴ導入に関する試行錯誤ですが、その延長線上に保育者の準備時間の確保が存在しており、それが保育の質の向上に繋がる包括的な検討事案になりました。

●保育者の意識改革に取り組もう

【NCT導入に向けたてまりこども園の取り組み】
・17時15分に業務を終了する習慣づくり
・職員がゆっくり休める休憩スペースの確保
・職員の物心両面の幸福の追求
・5連休を確保する制度

職員がNCTを確保するための方法として、私は右枠内のことに取り組みました。その中でも、幸福の追求や連休確保は一見するとNCTの導入とは関係ないように思えます。しかし、NCTを導入する際に最初の課題となるのは保育者の意識改革です。子どもと直接関わることが仕事だと自覚している保育者は多いように思います。さらに言えば、子どもと一緒にいなければならないと自らの義務のように感じている保育者もいるのではないでしょうか。保育者の意識が子どもと一緒にいることを善と捉えたまま、どれだけ園長がNCTの導入を試みようと、それは保育者にとって必要感のないものになってしまいます。これでは、(暖簾に腕押しとまでは言いませんが)NCTの導入においては非常に効率が悪く、場合によっては園長の独りよがりになってしまう可能性もあります。何事においても本人の必要感は無視できない重要なファクターです。NCTの導入を順調に進めるためには、まず保育者自信がNCTを必要だと認識し、取り入れたいと主体的に行動できることが大切です。これを達成するために、私は職員に「時間に対する意識」を抱いてもらいたいと思いました。そこで、「17時15分に業務を終了する習慣づくり」や「職員がゆっくり休める休憩スペースの確保」を進めたのです。この2つについてはすでに述べた通りですので、以降では「職員の幸福（しあわせ）の追求」と「5連休を確保する制度」について説明したいと思います。

●全従業員の物心両面の幸福（しあわせ）を追求する

てまりこども園は経営理念（目標）を「全職員の物心両面の幸福（しあわせ）を追求すると共に、利用者（子どもや保護者）と地域社会に貢献し続ける施設となる」こととしました。全職員の物心両面の幸福を追求することを第一優先とする理念は私がかつて所属した二つの民間企業も共通に掲げる理念です。子どものために、保護者のために、というのはもちろんなのですが、その前に私は園長として「職員ファースト」で組織を運営したいと考えたのです。

いくら利用者や地域社会に貢献できたとしても、そこで働く職員の顔が笑顔でなかったら、それはまったくダメだと考えます。職員が笑顔で心に余裕をもって仕事ができれば、おのずと利用者も笑顔になれるのではないか。職員が朝早くから出勤し、晩遅くまで残っていて、何かにおびえて顔がひきつってしまっているような園で仕事をするのは嫌だ。そう思ったのです。

幸福の感覚は個人によって異なりますので、一概に特定の物事を幸福だと決めつける言い方はできませんが、少なくとも園長として職員の幸福を意識しながら仕事を行うことには意味があると考えています。日々の中で「何が職員にとって望ましい環境なのか」、「どうすればモチベーションが上がるだろうか」、このように考えることで園の運営の仕方も変わります。幸福を生み出すためには、相応の時間が必要です。例えば、食が好きであれば、美味しい食事を摂ることで幸福を得られるかもしれません。旅行が好きであれば出かける時間が必要です。つまりは、時間をどのように活用するかが幸福の鍵になるのです。私は、職員に対して時間を有効に、時には自分のために使ってほしいと考えています。自分が好きなことのために時間を工面する。この営みは、まさに時間に対する意識の表れです。まずはプライベートなことでもかまいませんので、時間を有効に使うことに意識を向ける感覚と習慣を身につけることが、延いてはＮＣＴを意識して、その時間を有効に使おうとすることに繋がると考えています。

●保育以外にも関心を

平日は朝から晩まで園で過ごし、週末は疲労困憊ヘトヘトで帰宅する。疲れてしまって家からは出ない。そんな生活スタイルでは「より人間的に魅力のある保育者」にはなれません。平日も仕事以外のことを考える時間が必要です。週末ならば、なおのことです。思い切って連休を取ってみるのもいいでしょう。コロナ禍を経験した後の新しい生活様式では難しい部分もあるでしょうが、旅行に行く、映画や演劇を観る、ショッピングに行くなど、余暇を充実したものとすれば意外と視野が広がるものです。一日中寝て過ごすのも悪いとはいいませんが……。

世の中がどう動いているのか、人々の生活がどう変化しているのか、自分の肌で感じ取れるようでないと、人生はつまらないものになるように思うのです。そもそも連休を「思いきらないと取れない」というのも変です。計画的に連休が取得できる組織が普通の組織といえるようにするべきです。

● 正職員は全員5連休を取得せよ

正職員は就職後半年したら有給休暇が10日間与えられます。これは労働者の権利として定められたものですから取得して当然なのですが、なかなか取得できる環境にないのが日本社会の現実でもあります。雇用者は労働者の希望に応じて有給休暇を取得させる義務がありますが、希望がないことを理由に、あるいは労働者が希望しにくい環境であることをいいことに、結果として消化させない風潮があるように思います。

２０１９年４月から労働基準法の改正により年５日以上の取得が義務化となりましたが、本園はその１年前から取得を促進させ、さらには５日間の連続休暇が取得できるようにしたのです。「私が連休を取得したら保育が維持できないから休めない」という人もいましたが、「新園長の方針で強制的に取得しなければならない、これは命令だ」とも発言し、まさに働き方改革といえる実施に踏み切りました。

月曜日から金曜日まで５日間休み、さらには土日の週末休みを利用して７連休となれば、今までとは違った視野が開けます。意外にも自分がいなくても園の運営や保育はできるものです。周囲はそれが可能となるようにサポートさえしてやればいいのです。計画的な取得計画を進めれば、休みに入るまでの仕事のしかたが変わります。休んだ後も同僚に感謝することができ、仕事のしかた、考え方も変わるものです。

子どもにも保護者にも、園にも接しない時間を意識的につくること。心のもちよう、考え方を変えることが大切なのです。

●NCTを導入するならリーダーシップを発揮しよう

ＮＣＴをこれから導入しようと検討している方が本書の読者には多いのではないかと思います。ＮＣＴを導入するということは、園の運営体制に変化を加えるということです。もちろん立場によって自らの権限で変えられる部分とそうでない部分があると思います。ただ、念頭におくべきはリーダーシップだと思っています。ＮＣＴの導入のように新たに何かを始める際には、必ず先導者が必要になります。明確なビジョンを職員に示し、今後どのようにしていきたいのかを自身の言葉で発信する。そのためには、ＮＣＴに関することだけでなく、普段から自身の哲学や理念を大切にして、園の指針として掲げることが必要だと考えています。少し、私自身の哲学や理念を例にしてお話をします。


てまりこども園に着任する前、私は社会人として二つの民間企業で仕事をしてきました。双方に共通していた教え、それは「人生の結果＝考え方×熱意×能力」という方程式です。

熱意や能力は１～１００、考え方はマイナス１００～１００までの数値をあてはめます。能力のなさは熱意でカバーできます。考え方はマイナスの考えだとすべて結果はマイナスとなります。能力や熱意がいくら大きくても考え方が間違っていたらすべて大きくマイナスになります。よりよい考えが、人生を幸せなものとするには大切であるとずっと教わってきました。

私はこれを園内でも大切にして職員にも伝えています。「人生の結果＝考え方×熱意×能力」という理念自体は直接ＮＣＴと関係ありませんが、普段からリーダーシップを発揮していることで、少なからず新たな取り組みを提言した際に、信じてついてきてくれる職員はいると思っています。ＮＣＴの導入のように新たな取り組みを始める際には、動機が善であること、そしていかに周囲から信用を獲得できるかが鍵になるのです。

●ノンコンタクトタイムの時代

ここまで、てまりこども園で私が行ってきたＮＣＴに関する取り組みをご紹介してきました。園長としてたびたび思うのですが、保育とは子どもの幸福を願うばかりでなく、未来の社会を支えることにも繋がる素敵な仕事です。一方では、その素敵さが保育を仕事として割り切ることに疑問を呈する今日の状況をつくり上げているとも考えています。近年、新社会人の中ではワークライフバランスやプライベート時間の確保を優先する志向が高まっているという話を聞いたことがあります。これは保育の業界も例外ではないと思います。ＮＣＴの導入は保育の質の向上を目指すために欠かせない考え方であり、同時に現代の保育者の働き方にとっても一石を投じる議題だと思います。まだまだＮＣＴは保育業界全体に広まっていないように感じますが、これからは意識的にＮＣＴを考えるべき時代が来ていると私は考えています。本章が、ＮＣＴに関心を示す読者の皆様の一助となることを願ってやみません。

第三章　かやのみこども園　ノンコンタクトタイム導入に向けての取り組み

●かやのみこども園の紹介

１９７４年、広島県福山市の中でも北部に位置する神辺町に、浄土真宗本願寺派のお寺が母体となって社会福祉法人を設立しました。当初、本園は生後43日目〜3歳児までのお子さんを預かる認可保育園でした。広島県東部では、いち早く乳児保育に取り組んだ園であると言われています。山々に囲まれた自然豊かな地で、特に園の裏山はかやのみこども園で過ごす子どもたちの宝物です。時を重ね、山は少しずつ形を変えていきますが、卒園生がいつ帰ってきても、「楽しかった」とあの頃のままの笑顔になれる場所となっています。

すぐ近くに本園より2年前に開園したかやのみ幼稚園があり、本園が就学前までの子どもを預かるようになるまでは4歳児になると幼稚園へ進級していくことが当たり前でした。しかし、22年前に保護者から「保育園でも就学前の5歳児までを預かることができるようにしてほしい」との要望を多数受け、多様化するニーズに応えていくためにも5歳児までを預かることができるように園舎を増築し、定員を増やして今に至っています。5歳児までの保育を行う中で大切にしたことは、「楽しかった！」と思えるような経験を園生活の中でたくさんさせてあげることでした。その後も時代の流れと共に保育ニーズに応え、２０１９年に保育園から幼保連携型認定こども園となりました。

●保育目標と保育の特徴

【かやのみこども園の理念】
・まことの保育を実践し、命の大切さをつたえ、一人ひとりを大切にする教育・保育
・「よく聴く・よく観る・よく考える」ことが、できる子どもになる教育・保育
・基本的生活習慣の確立し、低年齢からの社会性を養う教育・保育

一つ目の「まことの保育」とは、浄土真宗の教えである「一つひとつの命に優劣をつけないで敬う保育」のことであり、かやのみこども園では「和顔愛語（わげんあいご）」を大切にした保育を心がけています。和顔愛語には、やさしい言葉で話す人は、和やかな笑顔の持ち主であり、思いやりのあるやさしい言葉を保育の中で手渡していきたいという願いが込められています。

二つ目の保育目標に掲げている「よく観る・よく聴く・よく考える」には、目を凝らして観察し、耳を傾けて話を聴き、考えて行動することが楽しいと思える子どもに育ってほしいと願いが込められています。園長としては、教育・保育目標だけでなく、職員が保育にあたる際の姿勢であってほしいと願っています。子どもをよく観察し、子どもから発せられる言葉に耳を傾け、その子が必要としている支援を行う保育です。

10年以上前から、0～2歳児の保育に「育児担当制個別保育」を導入し、より安定した「一人ひとりを大切にする保育」を目指した取り組みをしています。また昨年度より、3歳児から5歳児の保育には「異年齢保育」を導入し、年齢別保育と異年齢保育の両方から「育ち合う保育」「発

達の保障」に取り組んでいます。本園では、ノンコンタクトタイム（＝ＮＣＴ）の導入に先駆けて、「どの部分で、どのように子どもと関わることが必要か」を考えることにしました。最初から子どもと直接関わらない方法に目を向けるのではなく、まずは直接関わることが必須の部分を確認し、その時間を充実させることによって、逆説的にＮＣＴにも目を向けるようにしたのです。

次節からは、まず本園が取り組んでいるノンコンタクトタイムにはできない子どもとの関わり方を紹介します。その後、一方でノンコンタクトでできる部分に目を向けて、双方の視点から保育の質の向上にアプローチしたいと思います。

●保育の形態（育児担当制個別保育・学年別保育と異年齢保育）

「育児担当制個別保育」は、あまり耳にしたことのない言葉かもしれませんが、これは0歳児から2歳児までに行っている保育の形です。本来、お母さんが果たす役割である食事・排泄・睡眠・衣服の着脱・清潔といった基本的生活習慣のお世話の部分を、毎日同じ保育者が関わって育児します。これによって、信頼関係を築いて子どもの心の安定を図ります。

0歳児クラスでは（保育者の数：子どもの数が）1対1、1歳児クラスでは1対2、2歳児クラスでは1対3から子どもたちの保育を始めていきます。保育者は同じ行為を何回も繰り返し行うことになりますが、少ない人数で関わっていくので、一人ひとりの子どもの姿をじっくりと観察し、気持ちを汲み取り、必要な手立てをしていくことができます。また、その子どものことを深く理解してあげることもできます。

子どももじっくりと応答的な関わりをしてもらうことで、個人差はありますが、基本的な生活習慣を概ね確立し、言葉の獲得、先を見通す力なども着実に身につけていきます。少人数で活動を行うことにより、無駄に待つ時間もなく、大きな声を出して保育されるのでもないため、気持ちが満たされていくと考えています。子どもも保育者も、穏やかに過ごすことができます。遊びの部分では、クラスの担任がみんなで関わり見守ることで社会性を培っていきます。丁寧に関わり見守るため、子どもたちは徐々に自力をつけていきます。2歳児の秋頃には、1対6の保育ができるようになっていきます。

3歳児クラスからは、グループ保育を残しながら、クラス単位で活動する時間が増えてきます。昨年度から導入している異年齢保育では、登園から朝の会までを異年齢のクラスで過ごします。その後の課業（その年齢で身に付けてほしい活動）から午睡後のおやつまでを年齢別保育で過ごし、4時からお迎えまでの時間を異年齢で過ごします。左にタイムスケジュールを記しています。3・4歳児には午睡がありますが、5歳児クラスは午睡の時間がないため、午後にもう一つ課業が入りいろいろな活動しています。

認定こども園となり、1号認定（定員10人・現員12人）の子どもたちが園に通っていますが、教育時間だけで降園する子どもはほとんどおらず、就労されていない保護者のお子さんも1か月ほど経つと預かり保育を利用されるため、午睡をしておやつを食べて午後4時まで、2号認定の子どもたちと同じように過ごしています。現時点では、「教育課程に係る教育時間」から「午後の保育」への移行はスムーズに行えています。

3．4歳児タイムスケジュール

7：00～ 9：00	・・・	登園・身支度
9：00～ 9：45	・・・	自由遊び（異年齢）
9：45～10：00	・・・	朝の会（異年齢）
10：00～10：30	・・・	課　業　（年齢別）
10：40～11：00	・・・	外遊び（年齢別）
11：10～11：40	・・・	昼　食（年齢別）
12：00～14：20	・・・	午　睡（年齢別）
14：30～15：00	・・・	おやつ（年齢別）
15：00～16：00	・・・	外遊び・身支度 帰りの会（年齢別）
16：00～18：00	・・・	自由遊び（異年齢）
18：00～19：00	・・・	延長保育（異年齢）

●異年齢保育導入のねらい

異年齢保育を導入した経緯ですが、一つ目は、少子化、核家族化が進んでいることで子どもの育ちに危機を感じていたからです。幼児教育の役割の一つである「小さな社会」を考えたとき、年上の子どもが年下の子どもの面倒を見ることのできる環境がいつもの日常にあることを理想的であると考えました。

二つ目は、子どもたちの発達が様々で、発達が早い子どももいれば、ゆっくりな子どももいます。また、発達の凸凹と言われるように特性の傾向も強弱含めて様々です。こうした子どもは、同年代の子どもとの生活の中において、理解が難しかったり、思いを伝えることが難しかったりしますから、なかなか自己肯定感や達成感が育ちにくくなります。しかし、年下の子どもと一緒に過ごすことで頼られる経験を積み、同じものに興味関心があり、「楽しい」「面白い」と感じる経験を共有しやすくなると、それが自己肯定感へとつながっていきます。コロナ禍でなかなか軌道に乗らない異年齢保育ですが、散歩や外あそびなどできることを地道に続けています。

● 保育の質を考える中でノンコンタクトタイムに目を向ける

ここまで確認してきた「育児担当制個別保育」と「異年齢保育」は、本園が強くこだわって取り組んでいることです。この2つの取り組みは保育者が直接子どもと関わって援助することで成立することですし、保育の質の向上という観点からも蔑ろにはできないと考えています。そのため、NCTの導入を進める中でも意識的に直接子どもと関わる部分として残しておくことにしました。したがって、本園でNCTを確保する場合には、これら二つの取り組み以外の部分に目を向けて時間を捻出する必要がありました。

保育の質の向上を目指しながら、NCTを確保する。この両立を実現するために、今度は保育の質についても考えるようになりました。つまり、本園が行っている保育を質的に捉えて、その質を維持もしくは向上させるためのNCTの使い方を考えるようになったのです。とはいえ、本園では一日の保育の中で明確にNCTを確保していたわけではありませんでした。ゆくゆくは保保育者の働き方改革も相まってNCTの十分な確保を行いたいと思っていますが、現状を鑑みるとNCTの確保は急に行えるものではありません。

本書の読者の皆さんは、きっとNCTに関心があり、もしかすると自らが働く園に導入したいと考えているかもしれません。しかし、状況によっては簡単に導入できないこともあるでしょうし、導入と呼べるほどの変革ができないことも珍しくありません。少なくとも、本園が行っているNCTの取り組みは、NCTの導入を主眼に据えて始めたものではなく、あくまで本園の保育の質を向上させるためにNCTが必要になったという副産物的な位置付けです。例えば、「育児担当制個別保育」の質を向上させるために子ども一人ひとりの記録を付けることが必要ですし、「異年齢保育」を円滑に行うためには異年齢でも遊ぶことができる環境構成や遊びの提案などが必要になります。これらを考えるためには、必然的に職員会議や計画書を作成する時間が必要になります。そのため、保育の質を向上させるためにNCTを捻出し、その時間を使って保育のあり方を深く考えようという流れです。NCTを導入しようとすることは現代の保育を考える上で大切なことかもしれません。しかしながら、NCTを導入することにばかり躍起になって、NCTがなぜ必要なのかを見失っては本末転倒です。まずは園の保育の状態や保育者一人ひとりの働き方を確認し、その上で園の保育をよりよいものに発展させるための時間の使う方を考える順番が適切なのではないかと考えています。こうした順番で考えていると、次第にNCTが必要になってくると思いますので、その際にじっくりNCTの確保の仕方や時間の使い方を考えると良いでしょう。さて、それでは本園についても、「育児担当制個別保育」や「異年齢保育」の基盤となる保育の質に目を向け、その上でNCTについて話したいと思います。

●認定こども園として「質の高い保育」を目指して

園に通う子どもたちには少しでも良い環境の中で生活してほしいと願っています。かやのみこども園は、保育園からこども園に移行した園で、どちらかというと3歳児以上のクラスにおいても養護の部分を指導計画にしっかりと入れてしまう傾向がありました。私は、職員に「基本的生活習慣の呪縛から放たれて」と言っていますが、3歳児以上のクラスになっても、保育者の頭の中に「基本的生活習慣の確立」の文字が残ってしまいます。もちろん子どもの中には保育年数が短い子や発達の遅れなどで生活習慣が確立していない子どももいますが、ほとんどの子どもは概ね確立しています。ですから、確率が不十分だと感じる子どもには個々に声をかけて身に付けられるよう促せば良いのです。今後、認定こども園として質の高い保育を目指す上では、3歳児から5歳児の保育において「遊びを通しての総合的な指導」とあるように、子どもたち自身が探索活動を通して発見や観察を楽しみ、そこで得た喜びや驚きを保育者や友だちと共感し知的好奇心をもっと豊かに育んでいけることが必要だと思っています。

遊ぶためには、やはり遊ぶ環境が整っていなければなりません。例えば、室内遊びでいうと、積み木遊びやごっこ遊びもその一つです。高い積み木の塔や何かを表現したいと思っていても、食事や午睡のたびに片付けていたのではなかなか完成しません。しかし、積み上げているものはそのままで、転がっているものは片付けることを約束にしていれば、目指す塔を完成させることは難しくありません。また、足元のおもちゃも片付きます。ごっこ遊びも同じです。ままごとの道具や具材が充実していれば、いろいろなものに見立てて遊び、お料理のレパートリーも増えていきます。エプロンやお買い物袋、お金などがあるとお店屋さんごっこに発展していきます。その中で文字や形、数・量などにも興味関心が広がっていくことが理想です。

また、お迎えの時間までに完成できなかったパズルを、次の日に続きができることが保証されていれば、安心して帰ることもできますし、登園して来たら支度を済ませて急いで昨日の続きに取りかかるでしょう。外遊びも安全が確保され、子どもの意欲をかきたてる環境が整っていれば本気で遊びます。四季折々に咲く花や実を使って遊ぶためには、園庭に植えておかなければなりません。体幹を育てていきたいと思えば、それなりの遊具が揃っていなければいけません。保育者は、子どもの何を育てたいのかを考えた上で、保育環境を整えることを望んでいます。

●どのような子どもを育みたいか考えよう

先ほど述べたように、本園の場合は子どもの年齢に合わせて生活や遊びの充実を図り、意欲をもって活動に取り組める子どもの育成を目指しています。これが本園における保育の質です。このビジョンが明確になっているからこそ、保育者がどのように援助しなければならないのかを具体的に考えることができます。この「具体的に考える」ということが、実はＮＣＴの導入と活用にとって重要ではないかと思うのです。繰り返しになりますが、ＮＣＴは導入だけをしても意味があります。何のために導入して、その時間をどのように使うのかということまで見通した上で着手することが求められます。この時、保育の質の向上を目指すためのビジョンが曖昧でぼやけていては、保育者がどのように子どもと関わって、何を準備して、保育に向き合っていけばよいかがわからなくなります。こうなると、当然ですが仕事にもムラやムダが生まれます。また、的外れな準備ばかりに時間をとられるような場合もでてきます。このように状況や情報が整理されていないまま保育者にＮＣＴを与えても、かえって時間がもったいないということになりかねません。

ＮＣＴの導入を目指すのであれば、先に自らの保育でどのような子どもを育みたいのか振り返り、ビジョンとして明確に掲げられるまで整理するところから始めると良いのではないかと思います。そこまでやって、ＮＣＴがなければビジョンを達成できないと判断すれば導入を検討すれば良いのです。ＮＣＴは、あくまで方法です。方法とは目的を達成する手段です。今回の場合は、保育の質を向上させるという目的がありますので、この目的の達成に適した方法を選択すれば良いのです。この先、ＮＣＴの導入が保育業界でますます注目されるようになるかもしれません。そんな中でも、自らの保育を見失うことなく、広い視野と客観的な視点をもってＮＣＴの導入を検討することが大切です。

● かやのみこども園の今後

仏教園である私たちにできることは、植物の成長には太陽と大地と水分が必要なように、かやのみこども園では、み仏様の教えが太陽の恵みです。豊かな自然環境が大地の恵みです。友だちと職員のまなざしが水分です。みんなが大地にしっかりと根を張り力強くまっすぐに伸びていくことができる保育環境を整え、変わらず「まことの保育」に精進していくことです。そして、卒園していった子どもたちが、帰って来たときにホッとできる場所であるために、日々の保育に「楽しい」をたくさん感じることができる保育を目指していくことです。変わることを恐れずに子どもたちの「笑顔」変わらないものを守り続けたいと思っています。

第四章　ノンコンタクトタイム導入の難しさ

ここまでＮＣＴの意味や必要性についてお伝えしてきました。また、てまりこども園、かやのみこども園の園長先生からの、働きやすい環境と質の高い保育への熱い思いをお伝えしてきました。ここまで読み進めてきた皆さんは、ＮＣＴの必要性を感じ、ご自身の園でも計画的、積極的に導入したいと思われたことでしょう。あるいは、導入によるマイナス面や難しさも感じつつ、まず何から始めればよいのかと思われたのではないでしょうか。

公益社団法人全国私立保育園連盟による２０１８年の「ノンコンタクトタイム調査」（以下、ＮＣＴ調査）でも、皆さんと同じようにＮＣＴの必要性を認識しながらも、導入できていない現状が報告されました。一方、同法人の２０１９年「働くみんなのホントの調査」（以下、ホントの調査）では、ＮＣＴの導入によって、保育現場における働きやすい職場環境につながる可能性が報告されてもいます。この二つの調査、「ＮＣＴ調査」「ホントの調査」から、ＮＣＴ導入の現状及び

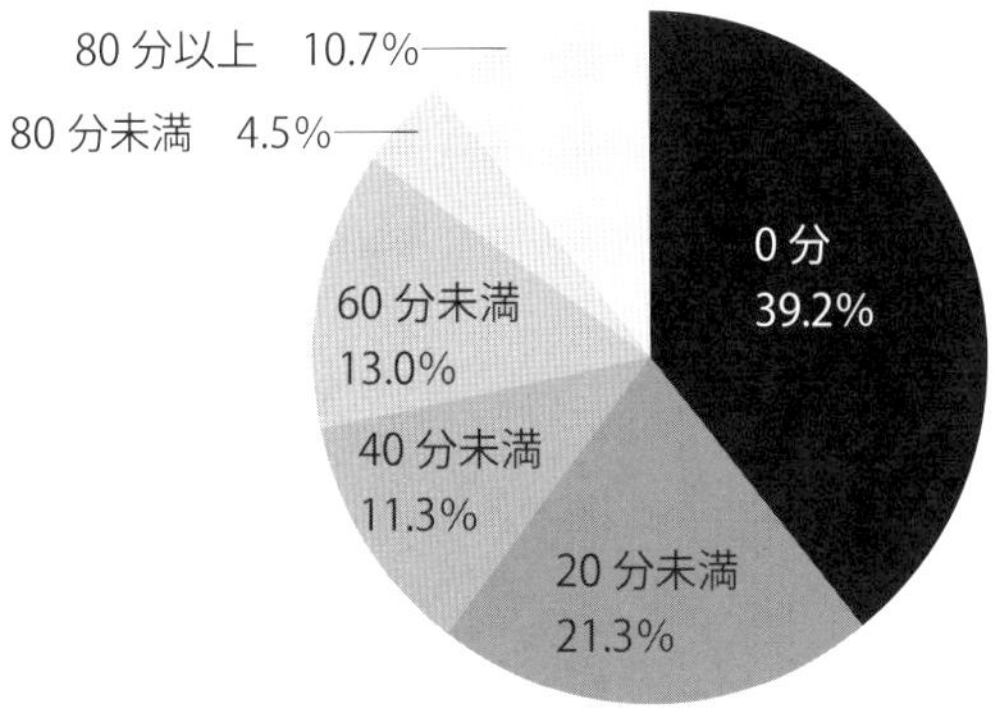

図２　１日の勤務の中で NCT はどのくらいあるか

導入への課題や糸口について考えていきましょう。

まず、保育者は一日にNCTをどの程度確保（平均時間、休憩時間は除く）できているのでしょうか。図2をご覧ください。約8割の保育者が1時間未満と答えています。ゼロと答えた保育者が全体の約4割です。この結果から、ほとんどの保育者にとって、勤務時間≒子どもと関わっている時間であることがわかります。

この現状を皆さんはどのように感じますか。

以下は、私の素直な感想です。「先生たちは、いつ保育の準備をしているのだろうか」「いつ保育の振り返りをしているのだろうか」、そもそも、「準備や振り返りができているのだろうか」と憂慮しました。

本書の冒頭である「はじめに」でお伝えした通り、私は幼稚園に勤務していました。勤務していた園では預かり保育を実施していたため、最長で朝の8時から18時まで幼児が園で過ごしている状況でした。ただ、預かり保育のための職員（預かり保育専任員・パート）が配置されていたため、私を含め担任業務に携わる教員は、預かり保育専任員を監督し、補助することはあっても、主で預かり保育を担うことはありませんでした。そのため、預かり保育で子どもが園で過ごしている時間帯であっても、NCTが毎日2時間程度は確保されていました。その時間で職員会議や保育や行事の準備等を行ったり、研修や出張に参加したりしていました。NCTが確保できているという点でいえば、私は恵まれた環境にあったでしょう。しかし、そうした環境であっても、私が終業時刻に退勤できる日はほとんどありませんでした。残業、持ち帰っての仕事、休日出勤が常でした。とにかく、子どもがいるいないに関わらず、目の前の仕事、緊急性の高い、もしくは、優先順位の高い仕事（今対応しなければならない仕事）に追われていました。例を挙げると、保護者対応、対外的な会議、園内の環境整備、園でしかできない保育の準備など、数えきれないほどあります。

保育の仕事、保育者の役割は、保育者の人間性と専門性を土台に、子どもと生活を共にしながら、子どもの小さな変化（育ち）を支えることです。子どもと関わることが保育の中心をなすことは間違いないでしょう。同時に、その関わり方の質が保育の質を左右することも間違いないでしょう。

一方で、保育の仕事には、子どもと直接は関わらない仕事も多々あります。河野ら（２０１０）によると、「子どもと接しない場面における保育士の職務」として、7項目（保育の計画及び評価、会議・研修、家庭との連携、地域連携、地域子育て支援、事務、その他）約50の仕事内容が挙げられています（表1）。これらの仕事内容を見ると、保育の計画作成や評価・反省や会議等、子どもと関わる際の土台となる内容であり、また、保護者や地域など子どもを取り巻く環境にアプローチするもの、環境整備など、どれも必要な仕事であることがわかります。小学校との連携や園内での研究打合せ、行事等の見直し、指導計画の見直し、緊急で生じた保護者対応など、ここに挙がっているもの以外にもまだまだあるでしょう。子どもと接しない時間の仕事内容がこれほどあるにもかかわらず、勤務時間≒子どもと関わっている時間という保育者の現状について、保育者自身はどのように思っているのでしょうか。ＮＣＴ調査によると、「一日の勤務の中で、直

保育の計画及び評価	保育の計画作成	・保育計画（保育課程）立案と記入・指導計画（月間指導計画・週の指導計画・日案）作成　・個人別指導計画作成・保育計画作成のための話し合い
	記録	・出席簿の記入　・個別記録作成　・保育日誌記入　・児童票の記入　・健康記録作成　・授乳，食事のチェック記録
	評価反省	・指導計画に基づく評価，反省記入　・クラス会議による評価，反省
会議・研修	会議	・職員会議・打ち合わせ（朝・昼・夕）　・クラスごとの打ち合わせ　・年齢別会議　・分掌別会議　・対外的な会議に出席
	研修	・園内職員研修　・外部の職員研修　・各種講習会　・個人研究
家庭との連携	保護者との連携	・連絡帳の記入　・送迎時の面談　・家庭訪問　・個人懇談 ・クラスだよりや園だより，各種便りの作成　・保護者会，懇談会開催　・育児相談　・保護者会主催行事に参加　・電話による連絡
地域連携	地域連携	・地域の行事参加　・自治会との懇談　・地域の公的機関との懇談や活動への参加
地域子育て支援	地域子育て支援	・出前保育　・保健センターとの連携　・井戸端会議参加　・地域子育て支援センター行事参加　・一時保育　・相談業務
事務	事務	・一般事務（庶務）　・集金　・通信発想　・教材選定と注文 ・印刷
その他		・園の整備（清掃）　・園行事の準備と整備　・パート職員との連携　・調理員，看護師との連携　・教材研究　・作品展示　・誕生日会等各種行事の計画，準備　・着替え（保育士）　・各種会議や研修に出張　・家庭訪問

表１　子どもと接しない場面における保育士の職務（河野ら　2010）

子どもと関わらない時間が取れた場合、あなたの仕事はどのように変化すると思いますか」という質問に対し、約7割の保育者が「かなり良好になる39・5％」、「良好になる30・9％」と回答しています（図3）。

具体的にどのように良好になるのかという質問（複数回答）では、「残業時間が減る75・9％」、「豊かな保育環境を用意できる・61・9％」、「丁寧な保育ができるようになる60・2％」となっています。子どもから離れる時間がほとんどないのに、しなければならない仕事が数多くあるという矛盾が、保育という仕事の現状です。

では、保育者は一か月にどのくらい残業をしているのでしょうか。「ホントの調査」によると（図4）、「残業はない」と答えた保育者は全体の2割です。ほとんどの保育者が毎日残業をしているのです。保育者の働き方として、残業をすることが当然のこと、残業なしでは成り立たないことになっているのでしょう。

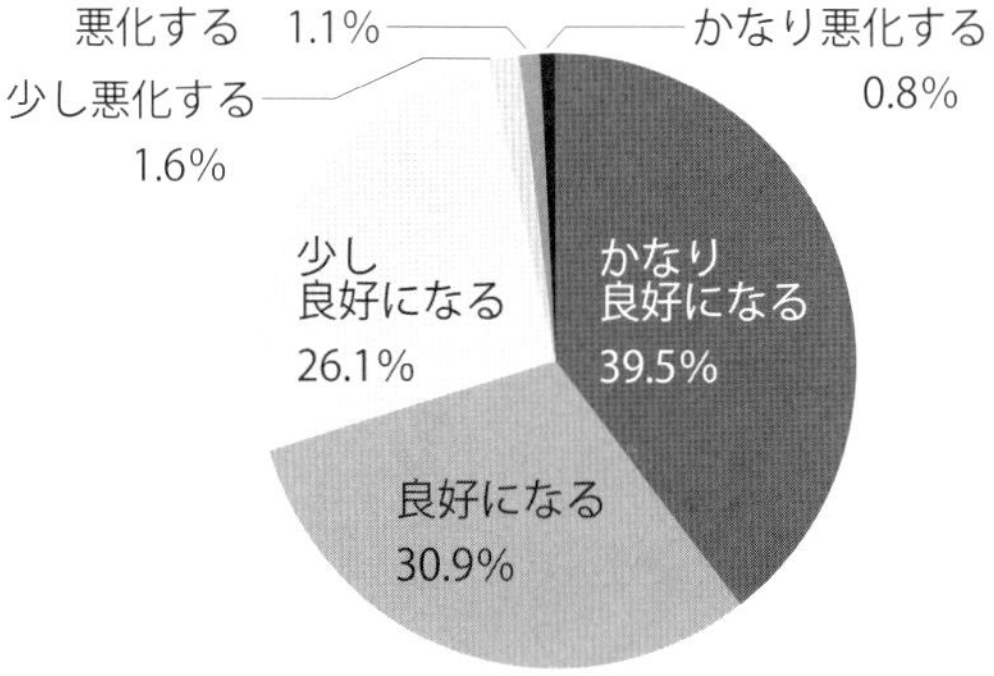

図3　NCT がとれたら仕事はどう変化するか

二つの調査から、NCT導入により、働きやすい環境や保育の質向上につながることを期待しながらも、現在、NCTを計画的、継続的に導入できている園はそれほど多くないことが分かります。では、NCTの計画的、継続的な導入を困難にしている要因は何でしょうか。ここでは2つの問題点を挙げて考えていきます。

第一に、複雑で不規則なシフト問題です。（第一章でも触れましたが）保育現場だけでなく、どの職場においても人員確保や適性配置については課題があることでしょう。シフトを作成する際には、労働時間や適切な人数、資格の有無等、様々な条件に考慮する必要があります。加えて、働き手側の働き方の希望もあります。さらに、保育現場ならではといった制約もあることでしょう。つまり、保育者の求められる役割の複雑さも、（それが保育者の専門性ともいえますが）シフト問題に関わっているでしょう。保育者の求められる役割の複雑さを何点か挙げてみます。

まず、保育者が相手にする対象が0歳から6歳の子ども、それも複数の子どもたちという点です。たった一人であって

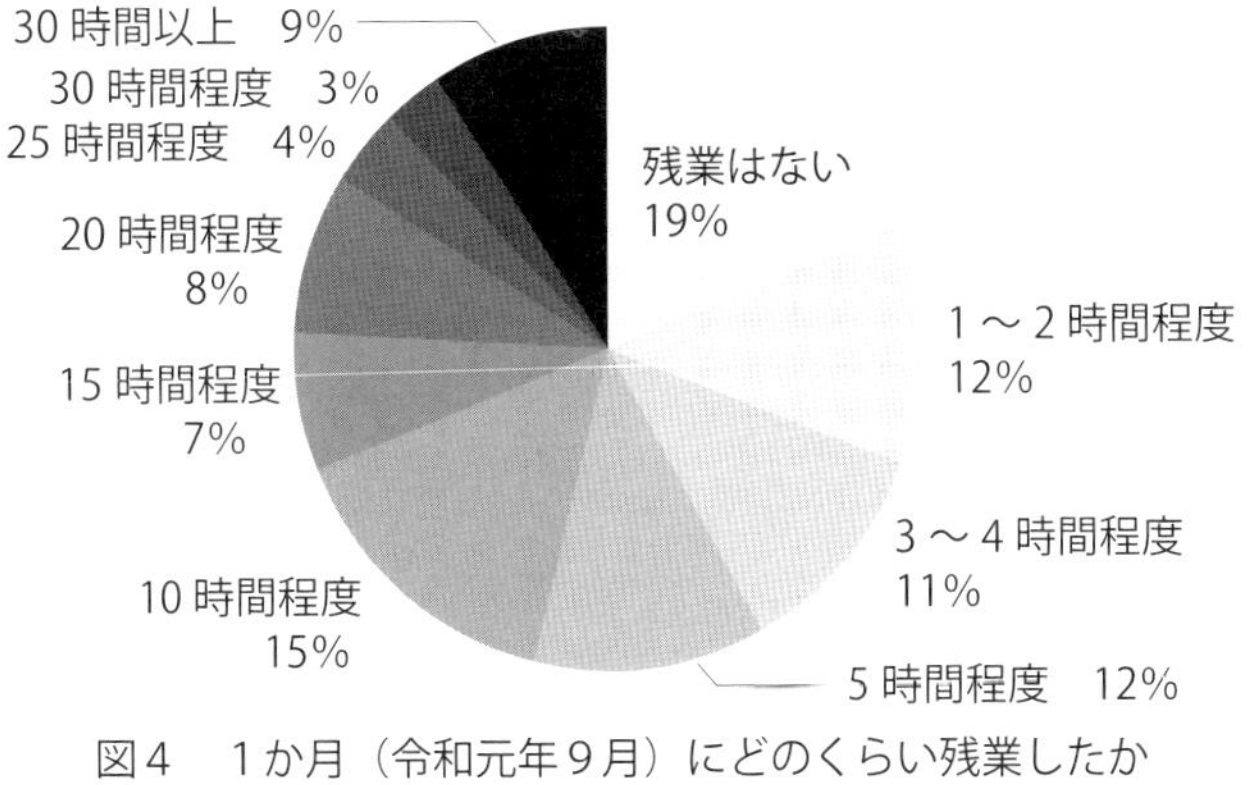

図4　1か月（令和元年９月）にどのくらい残業したか

も、この年齢の子どもたちを相手にすることは、安全面においても育ちの面においても、目が離せない、見逃すことのできないことなのです。安全面においては、子どもはちょっと目を離した瞬間にケガをしたり体調を崩したりすることも多いからです。育ちの面においては、日常の些細な生活の中に子どもの小さな変化（育ち）があります。保育者はその一つ一つを大切に捉えなければなりません。保育者は、毎日の積み重ねの中で子どもの育ちを支えていくからです。保育者には、細やかな目配り、気配り、見通しをもった関りが求められているのです。

おまけに、その子どもたちの中には、保育者の勤務時間よりも長い時間を園で過ごす子どもたちもいます。そのため、子どもたちの生活の流れをふまえながら、保育者の交代や引継ぎといったシフトのつなぎ目を考えていく必要があります。

さらに、保育は園全体、チームで行われる業務です。どんなに優秀な保育者であっても一人では保育はできません。他の保育者や職員との連携や共通理解、情報の共有等が欠かせません。それらが不十分だった場合、子どもたちの命が脅かされることもあります。

以上の保育者の求められる役割をみていくと、改めて、保育という仕事が専門性の高い要資格・免許職だということがわかります。ＮＣＴ導入によって、ある保育者が子どもたちから離れて過ごす替わりに、その子どもたちを保育する別の保育者が必要となりますが、単にシフト上で時間を埋める「誰か」が配置されていればよいというものではないこともわかります。保育者の出入りとともに、役割のつなぎも円滑に行われなければ、保育の質、子どもの安全面が確保できなくなるため、複雑なシフト体制になってしまうのです。

ＮＣＴ導入の難しさの理由2つ目は、保育者の意識の問題です。前掲の図3では、少数ですがＮＣＴの導入によって仕事が「かなり悪化する」「悪化する」「少し悪化する」と回答した保育者がいました（全体の約3・5％・3384人中、124人）。「どのように悪化するのか」（複数回答）について、「子どもの様子が分からなくなる86・3％」、「安全な保育ができなくなる42・7％」と答えています。

この回答から、ＮＣＴ導入を難しくしている保育者の意識、「私がいなければ」意識が垣間見えます。「私がそこにいなければ子どもの様子が分からない」、「私がいなければ安全な保育ができない」、このことの何が問題なのかと言うと、「私がいなければ」の背景に、「私以外の人はできないから」とする思いがあるのではないでしょうか。

もちろん、「私がいなければ」意識は、仕事をするうえで必要です。自分の仕事に誇りをもち、保育者として、子どものためにと気概と責任をもって取り組んでいることの表れだと言えるからです。しかし、この意識が強すぎると、時に、自分を苦しめてしまいます。また、この意識を求められすぎると、長く勤めることはできません。私もそうでした。持続可能ではないからです。

保育現場の疲弊感を考えた際、「私がいなければ」意識を見直すことが必要となっているでしょう。簡単です。「私」だけではなく、「私たち」にしましょう。保育者としての気概をもちつつも持続可能な働き方につながる「私たちであれば」意識に変えていくのです。「私たち」で、考え、伝え合い、共有し、安全面の整備、連携の体制が整った安心感のある職場にしたいのです。安心して働けるからこそ、その人のもつ力が発揮できます。まずは、「私がいなければできない」「私以外の人はできない」と思い込んでいる業務を、「私たち」で取り組む業務として見直していきましょう。

この章では、NCT導入の難しさとして、「複雑で不規則なシフト問題」と「保育者の意識問題」の2点から考えてきました。この問題をどう乗り越えていくのか、最後に、ある新設こども園での取り組み方をご紹介します。

この園では、こども園を新設する際に生じた様々な課題や壁を、「問い」ととらえ、その取り組みを「問いを抱えて歩む」と表現しています。課題や困難なことをマイナスとしてとらえるのではなく、私たちの園を始めるための「問い」として進んでいきます。様々な「問い」に取り組むことで得られた答えも参考になりますが、それよりも、「問いを抱えて歩む」ことで醸成されていく園の先生たちの関係性、一体感にこの園の強みを感じます。

例えば、これまで何度も挙がってきているシフト問題について見てみましょう。この園でも当初、シフトによる勤務体制を「実現したいこと（保育や保育者同士の語り合いなど）を阻むもの」としてとらえていました。シフト問題という「問いを抱えて歩む」ことにより、最終的には、「保育内容の充実と保育者の連携・同僚性を密にする可能性がある時間づくりの資源」に変えていきます。それは、時間を生み出しただけでなく、保育者の意識の変容が生じ、細かい配慮ができる体制までも作り出していきます。まさに、「私たちであれば」意識が培われたのです。

保育の場におけるNCTは、子どもと直接関わる時間をより豊かにするためのものであり、より生き生きと保育を取り組むためのものです。NCTの導入に向けての困難さを、自分たちの園の向上につなげるための「問い」ととらえる。NCTを導入することで、必ず職場環境はよくなる、保育がもっと楽しくなると信じて、全国の取り組みや実践事例を参考にしながら、まずは自分の園でできることから始めてみましょう。

〈参考資料〉

・公益社団法人全国私立保育園連盟調査部（2019）「ノンコンタクトタイム調査報告書」保育通信2019年3月号　No．768付録
・公益社団法人全国私立保育園連盟調査部（2020）「働くみんなのホントの調査報告書」保育通信2020年4月号　No．781付録
・河野利津子・成田朋子（2010）「保育士の主な職内容の分析」比治山大学現代文化学部紀要　第17号、頁115~122
・厚生労働省こども家庭局保育課（2022）「保育分野の業務負担軽減・業務の再構築のためのガイドライン　業務改善実践に向けた事例集」
・「リポート　こども園をつくる　―文京区お茶の水女子大学子ども園の記録8 保育を支える連携と同僚性~シフト勤務を生かす工夫から~」（2018）幼児の教育117巻、2号、頁32~37

第五章　ノンコンタクトタイムの展望

● 保育の量から質へ

厚生労働省は２００１年から待機児童の数を発表していますが、数年前までは２万人を超える状況が長く続いていました。例えば、２０２２年までに待機児童が最も多かった２０１７年秋の朝日新聞朝刊（２０１７年９月２日、東京版）第一面を見ると、「待機児童 都市部に７割」という見出しの下、「認可保育施設に入れない待機児童が３年連続で増えた。４月１日時点で前年の同時期より２５２８人多い２万６０８１人となり、このうち７割以上が首都圏や近畿圏といった都市部に集中していた」と取り上げられています。

実は、この当時から、待機児童の問題は地域による差の大きさが語られてきました。都市部では待機児童のことが盛んに問題となりますが、地方部には待機児童などおらず、定員割れの問題の方が逆に大きいというものです。ところが、ようやくといって良いかもしれませんが、この待機児童の問題も解消されつつあり、全国的に保育所や認定こども園に入園

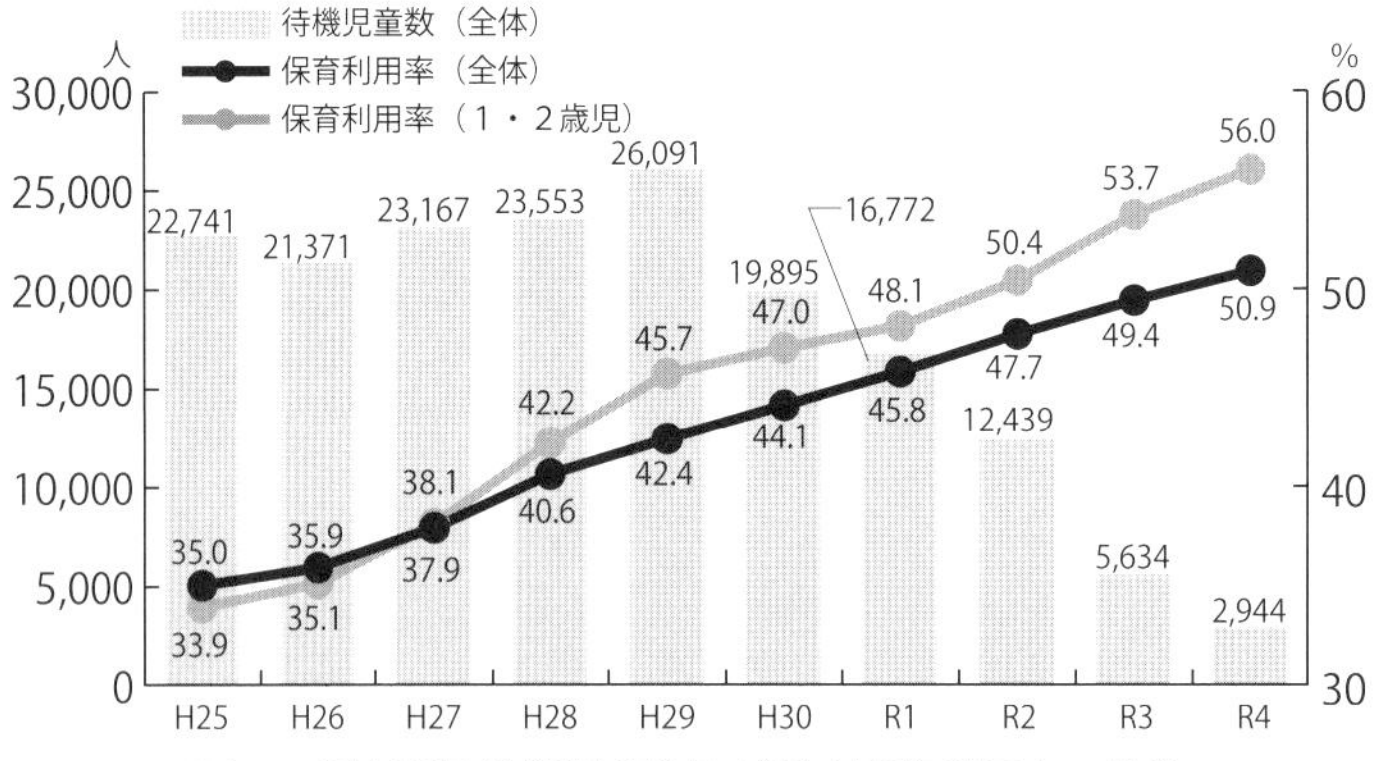

図５　保育所等待機児童数及び保育所等利用率の推移

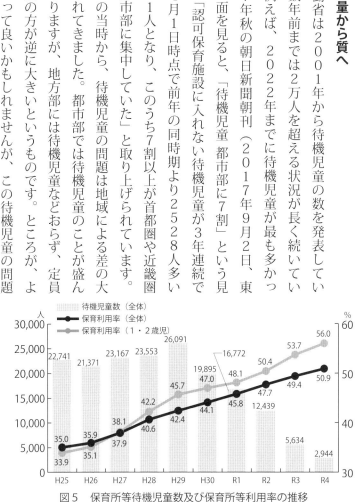

することが保障される時代になってきました。

　都内では、世田谷区が人口と共に、子育て世帯も多く住んでいるため、待機児童が最多ということで良く知られていました。ある時期は全国一待機児童が多い自治体として、その汚名を背負っていた頃もあります。それが２０２２年末の時点では、世田谷区をはじめ、東京都内の自治体でも現在は待機児童がゼロになったところも多く、園を選ばなければ必ずどこかの保育園等に入園できるようになりました。ただこの「園を選ばなければ」というところが、新たな問題となっています。

　最近、都内で子育てをしている人に話を聞きましたが、「園を選ばなければ」自分の住んでいる自治体の保育所に預けることができるが、入園可能なところは自分が希望するような園とは保育の環境や内容が異なり、できれば多少遠くても良いから希望する園に入れたいということでした。保育所や認定こども園、幼稚園など、選択肢が多くなった現代において、保護者の側にそういった気持ちが生まれるのは当然のことと思います。

　園を選ぶ余地がない時代には、保護者の就労等のためにとにかく預かってくれる園を見つけることが優先で、保育環境や内容は二の次です。保護者は預かってもらえるだけでもありがたいと考えることでしょう。しかし、待機児童がなくなり、必ずどこかの園に入れるということになったら、保護者が希望するような園へ入れたいと考えるのは当然のことです。できれば「別の園が良い」という理由が、「自宅から遠い」という立地の問題であれば園側として解消することはそう簡単なことではありません。しかし、「場所は良いのだけど保育の内容が……」ということだったらどうでしょうか。これも簡単ではないかもしれませんが、園そのものを移転するよりは進めやすいのではないでしょうか。園として保育を充実させていくことが入園希望者にとって魅力あるものと映り、さらには通園している保護者さんにとっても望ましいことであればそれに越したことはありません。ここから分かるのは、「保育の量」が満たされつつある今の時代において、これからは「保育の質」の向上を目指していくことが社会的に求められているということです。

●保育の質とは

さて、「保育の質」という場合、様々な側面から質を捉えることができます。諏訪（２０００）は「保育の質」を六つの層に分けて説明をしています（図６）。

一番上の部分に「子どもと保育者の関係」と記されていますが、その直接的な関係を支えるものとして六つの層があるというわけです。例えば、園庭の広さや保育士の配置などは保育体制に関わる部分で、第３の層に該当するでしょう。ただ、園庭の広さや保育士の配置人数などには国が定めた基準が大きく影響を及ぼします。それが第２の層の「保育の外部システム」という部分になります。このように見ていくと、「保育の質」に関わることは制度上のしがらみや予算との兼ね合いもあり、簡単に変えることはできないことが分かります。子どもの数に対する保育士の配置基準、園庭（屋外遊技場）の設置基準とその例外規定など、制度そのものを変更しなくてはいけない点もたくさんあります。しかしそれを待っていたのでは「保育の質」を向上させられないということになってしまうのです。今の制度の中で、どういったことから手を付けることがで

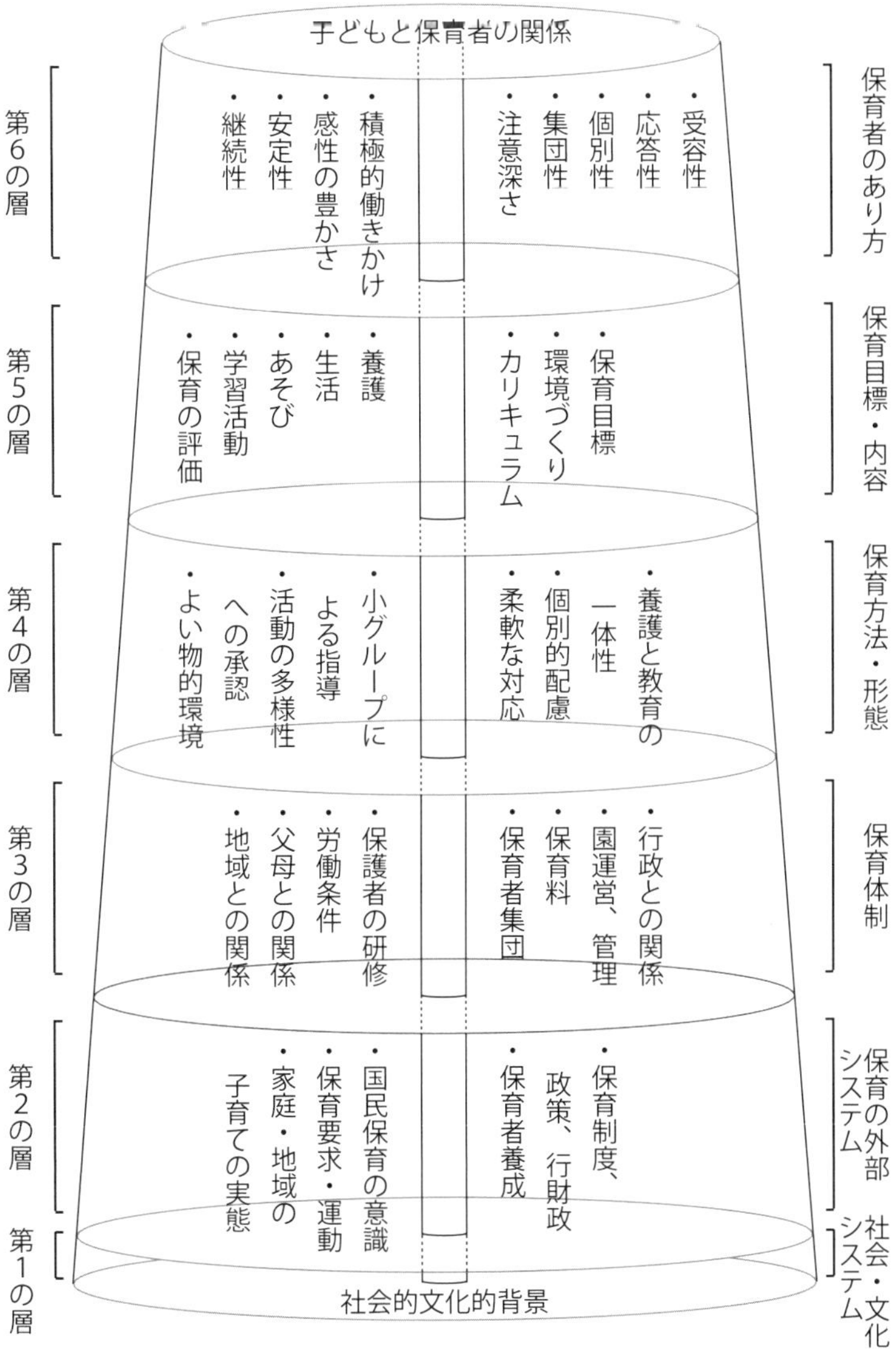

図6　「保育の質」を捉える指標・概念図（諏訪　2000）

きるのか、まずはそこを共に考えていきましょう。

園として「保育の質」向上を目指して取り組みやすいところは、六つの層の上層にある部分です。つまり「保育者のあり方」や「保育目標・内容」といったところになります。この「保育者のあり方」は、やはり「保育目標・内容」に拘束されますので、ここでは「保育目標・内容」ついて考えてみることにします。

保育目標や保育内容を変えるというのは、園全体として取り組もうと思えば明日からでも取り組みを始められる部分です。ただ、これまでやってきたやり方がありますし、保護者もその保育内容に共感して入園を希望したという経緯もあるでしょうから、大幅に変更するには時間をかけて、丁寧に説明をしながら進めていかなくてはなりません。園として、これまで力を入れてきた行事をやめたいといった場合などがそれに当たります。保護者はその行事を楽しみにしていることも多いので、もしやめる場合でも少しずつ変化させていくことが望ましいでしょうし、またその行事に代わるものが提示できると、保護者も納得するのではないでしょうか。こういった変革をするためには、園の職員全体の力を結集しなくてはうまくいきませんし、また話し合うための時間も必要となります。そのため、「苦労しそうだからこれまで通りでいいか」となりかねないのです。やはり何らかの危機感がないと、保育の見直しや質の向上という方向には目が向きにくいのかもしれません。先ほども述べたように待機児童は大幅に減り、今後保育所やこども園は供給過多の時代となりますので、まさに今、その危機的な状況が目の前に現れてきたということを認識しておかなくてはなりません。

改めて言うまでもないかもしれませんが、就学前教育の重要性はヘックマン（２０１５）の研究などが注目されたことにより世界中に広がっていきました。保育・幼児教育において重要なことが、非認知能力（non-cognitive abilities）という言葉で表されています。ただ、この「非認知能力」という言葉が何を表すのか、認知能力ではないものということを示しただけで概念としてあまりにも広すぎるのではないかという意見もあります。ＯＥＣＤの報告書では、非認知能力という言葉ではなく「社会情動的スキル（Social and Emotional Skills）」という語が用いられています。社会情動的スキルとは、「目標の達成、他者との協働、感情のコントロールなどに関するスキル」であるとされ、「広義の社会的成果を収める結果につながることが予測できる」と説明されています（ＯＥＣＤ、２０１８）。これらのスキルは、ペーパーテストなどで測れるような認知能力とは異なるので、小学校の授業を先取りしたような幼児教育ではなく、目標に向かってじっくり取り組むことや、友達と協力し合う経験、相手の気持ちを考え自分の感情を抑えることなどが重要になってくると想像されます。これらはまさに保育・幼児教育の中で大切にされてきた「自発的な活動としての遊び」や、自らが選んで行う「主体的な活動」などにおいて発揮される力と重なります。そのような活動を十分に保障するためには、保育実践を振り返り、次の日以降の実践を検討するための時間はどうしても欠かすことができません。

●保育の質向上に欠かせないノンコンタクトタイム

実践を振り返り、検討することは保育の質の向上につながるわけですが、そのためには時間がどうしても必要です。それは、ノンコンタクトタイムの確保が重要ということを述べていることに他なりません。自分たちの保育についてしっかりと振り返る時間や、その振り返りに基づいて今後の計画をどう進めるかということを考える時間を捻出しないことには、質の向上を期待することはできないのです。

小学校を考えてみましょう。小学校の先生は、教育課程の時間中、授業や生徒指導などで忙しく過ごしています。ただ放課後（教育課程外）は子どもたちが自宅や学童保育へ行くので、小学校の先生にとって放課後がノンコンタクトタイムということになります。その時間を使って、授業の準備や記録を書くことができるわけです。一部、部活の指導で忙しい先生もいますが、全員ではありません。このように小学校教員は、放課後を学童保育の指導員などにバトンタッチできるので、ノンコンタクトタイムを確保できています。

一方、保育士は、小学校の先生の役割と学童保育指導員の役割を一手に担っているのと同じです。長時間勤務ですから、シフトで別な保育士に交代することはできますが、交代後は勤務時間ではなくなってしまうので、仕事をするのは残業か持ち帰りということになるのです。保育の質の向上を目指すためには、どうしても子どもと離れて仕事ができる時間が必要です。「今までも時間がないなかでやってきたではないか」と言う方がいるかもしれませんが、それで保育の質を改善するのに充分な時間を確保できていたと言えるでしょうか。保育士が持ち帰り仕事や残業をせざるを得ない状態になっていなかったか。研修は十分行えていたのか。休みの日に研修を受けさせるようなことをしていなかったか。そういった点も含めて考えてみてください。

これらのことは園だけの責任ではなく、国の制度的な問題でもあります。先ほども述べたように、昔であれば「とにかく子どもを預かってくれるだけでありがたい」と考えられたかもしれません。しかし少子化の時代においては、子どもを預かるだけではなく、より良い保育・教育環境の下で子どもを育てたいと考えるのは自然なことでしょう。そういったニーズにこたえるために、さらには将来の日本を支える子どもたちをしっかりと育てるためにも、より良い保育・教育環境を提供したいものです。

●ノンコンタクトタイムを生み出す工夫

日本は一人の保育者に対する子どもの数が多いため、ノンコンタクトタイムを確保することがとても難しくなっています。このことは、国としてしっかり考えなくてはならないことであり、量から質の向上へと転換するにあたってその基盤づくりをすることは最も重要なことです。しかし、その現状を嘆いているだけでは保育の質向上を図ることはできません。状況の改善を待っているだけでは、いつになったらノンコンタクトタイムを確保できるか分からないのです。そこで、苦肉の策ではありますが、「園内の工夫で時間を確保することを少しずつやっていきましょう」というのが私の提案です。

これまでも、保育者個人の努力でノンコンタクトタイムを生み出してきたのではないかと想像します。それは、休憩時間や午睡の時間の活用だったのではないでしょうか。しかしそれらは本来、別の目的のために確保された時間です。休憩時間に記録を書き、作業をしていては、休息したことになりません。休憩をきちんと取らない（取れない）と、子どもと触れ合っている時間（コンタクトタイム）に影響が及びます。リフレッシュできず、疲れも抜けていない状態では注意散漫となり、重大な事故につながることもあるでしょう。

スイスチーズモデルというのを聞いたことがあるでしょうか。複数重なったチーズの穴が繋がった時に、そこを通り抜ける一つの穴ができあがり、それが重大な事故につながるというものです。普段からいくつもの穴があるのに、たまたま穴がつながっていないために事故は未然に防がれているのですが、ふとしたきっかけで穴が繋がると取り返しのつかないことになってしまいます。この穴には様々なものがありますが、その一つが保育者の注意散漫であり、別の一つが保育者同士の連携不足といったことです。猪熊弘子氏（２０１１）の「死を招いた保育」では、埼玉県内の保育所で起きた死亡事故を取り上げています。この事故が起きた原因として猪熊は、保育者同士の不仲とコミュニケーション不足を挙げています。最近も保育施設での事故や虐待の問題が多く取り沙汰されていますが、その背景には保育者の人手不足、心の余裕のなさがあるのでしょう。大変忙しい状況ではあることは承知していますが、何らかの工夫によって時間を生み出し、休憩時間やノンコンタクトタイムを生み出してもらいたいと切に願います。

●ノンコンタクトタイムでできること

では、ノンコンタクトタイムが確保できたら、そこで何ができるようになるでしょうか。この時間帯には、子どもから離れてじっくりと取り組む活動、また「保育者にしかできない」ことを行ってもらいたいです。「保育者にしかできない」というのは、他の職種の方にできることはできるだけそちらにお任せするという意味です。これも保育の質の向上につながることです。例えば、教材や壁面装飾の作成ということがあるかもしれませんが、これらはやり方さえ分かれば保育者でなくとも、アルバイトや学生ボランティアにもできそうです。そういった部分を他の人に任せることで、ノンコンタクトタイムを保育者が率先して取り組まねばならない活動に用いることができます。

その代表的なものが、保育実践の振り返りです。これは保育を実践したものにしか行うことができません。実践の中には大きく二つのことが含まれています。一つは、子どもたちそのものの活動の姿、そしてもう一つが保育者の動きです。これらを振り返り記録に残しておいたり、時には保育者同士で話し合うことも必要になってくるでしょう。

記録をする際には、できれば子どもたちの前向きな姿に注目をしてみましょう。日本の保育者の場合、子どものネガティブな姿に目が向きがちになります。〇〇ができなかったとか、ちょっとしたいざこざから大きなけんかに発展してしまったといったことです。保育者として子どもたちを指導しなければいけないという思いが強いからこそ、マイナスな側面に目が行くのです。それは悪いことではありません。しかし、悪いところばかりを指摘されると、子どもは自分に自信を持てなくなってしまいます。ニュージーランドでは、ラーニングストーリーという記録を書く際に子どもたちのポジティブな側面に目を向けるといいます。今日は○○に熱中して取り組んでいた、友達と一緒に協力し合っていたというようなことです。同じような場面に着目していても、日本とニュージーランドでは捉え方がずいぶん異なることが分かります。ニュージーランドでは子どもたちのポジティブな面を記録しておくことが、彼らの強みを捉えることになると考え、さらにその部分を伸ばしていこうとするのです。小さな頃から自分の良い部分を認めてくれる大人が身近にいるということは、子どもにとって自己肯定感を育む良い期間になります。大人も同じですが、できない部分を修正するよう求められるよりも、できる部分を認めてくれる言葉をもらった方が、様々な事柄に前向きに取り組めるようになります。

こうした振り返りや記録を書くことは、小学校以上の学校よりもより重要であると考えています。なぜなら、保育を行う上では普段の様子から把握される幼児理解が必須だからです。保育所保育指針や幼稚園教育要領には目標やねらいが記されていますが、それらは子どもの姿をしっかりと把握しつつ、子どもに合わせて保育内容を柔軟に変化させながら達成されるべきものです。そうであるからこそ、いま子どもたちが何に興味や関心を持っているのか、周りの友達とはうまく関われているのかなどの幼児理解を進めたうえで、次の日からの実践をどうしたらよいかを考える必要が出てきます。指針に書かれた「保育の目標」には、「子どもが現在を最も良く生き、望ましい未来をつくり出す力の基礎を培うため」と書いてあります。子どもが今、園の中でより良く生きられているのかというのは、子どもたちが自己発揮できているのかと置き換えられますが、そのことを理解しないで計画を立てることはできないのです。もし子どもが自己発揮できていないとしたら、それは何が良くないのだろう。環境が不十分なのだろうか、友達との関係がうまくいってないのだろうかなど頭を巡らせる必要があります。そこで問題点が見えてきたら、それを改善するために保育者はどう動いたら良いのかを考えなくてはなりません。この作業は保育中も常に行っているわけですが、保育中にはゆっくりと考えている時間がないので、その時に一番望ましいと考えた方法で対応するしかないのです。そのため、保育をあとで振り返る行為を欠かすことはできないのです。

最後に一つだけ。ノンコンタクトタイムにはリフレッシュの意味も含まれています。ずっと子どもと共にいたのでは息が詰まってしまいますが、子どもと離れてふっと息を吐いたり、保育以外の別な作業に取り組むことは気分転換にも大きく役立ちます。ぜひノンコンタクトタイムを確保して、良い保育実践を築き上げていきましょう。

〈引用文献〉
①厚生労働省（2022）「保育所等関連状況取りまとめ（令和4年4月分）」
https://www.mhlw.go.jp/stf/newpage_27446.html
②金田利子・諏訪きぬ・土方弘子（2000）『「保育の質」の探究ー『保育者ー子ども関係』を基軸として」　ミネルヴァ書房
③ジェームズ・J・ヘックマン〔著〕、古草 秀子〔翻訳〕（2015）「幼児教育の経済学」東洋経済新報社
④経済協力開発機構（OECD）〔編著〕（2018）「社会情動的スキルー学びに向かう力」明石書店
⑤猪熊弘子（2011）「死を招いた保育」ひとなる書房

執筆者一覧

●足利由希子（あしかが　ゆきこ）
社会福祉法人光耀福祉会　かやのみこども園・園長
●請川　滋大（うけがわ　しげひろ）［編著者］
日本女子大学家政学部・教授
●近藤　修功（こんどう　しゅうこう）
社会福祉法人千草会　てまりこども園・園長
●福澤　惇也（ふくざわ　あつや）［編著者］
中国短期大学保育学科・講師
●山本　房子（やまもと　ふさこ）［編著者］
中国短期大学保育学科・准教授

ノンコンタクトタイムの導入に先駆けて　ななみブックレットNo.16
2023年11月1日　第1版第1刷発行

●編著者　福澤惇也／山本房子／請川滋大
●発行者　長渡　晃
●発行所　有限会社　ななみ書房
〒252-0317　神奈川県相模原市南区御園1-18-57
TEL　042-740-0773
http://773books.jp
●絵・デザイン　磯部錦司・内海　亨
●印刷・製本　協友印刷株式会社

ISBN978-4-910973-06-7
Printed in Japan